Gerhard Rohlfs

Neue Beiträge zur Entdeckung und Erforschung Afrikas

weitsuechtig

Gerhard Rohlfs

Neue Beiträge zur Entdeckung und Erforschung Afrikas

ISBN/EAN: 9783943850963

Auflage: 1

Erscheinungsjahr: 2013

Erscheinungsort: Bremen, Deutschland

@ weitsuechtig in Access Verlag GmbH, Fahrenheitstr. 1, 28359 Bremen.

Cover: Foto © Remi Jouan (Wikipedia)

weitsuechtig

Neue Beiträge

zur Entdeckung und Erforschung

Africa's

von

Gerhard Rohlfs.

Mit

einem Bilde von Mohammed el Gatroni, dem Diener von Heinrich Barth,
E. Vogel, M. v. Beurmann, Duveyrier, Rohlfs und Nachtigal.

Cassel.

Verlag von Theodor Fischer.

1881.

Inhalt.

Mohammed el Gatroni.

Als ich im Winter 1864 nach schwerer Verwundung auf
kurze Zeit nach Deutschland zurückgekommen war, rief mir
beim Abschied unser unvergesslicher Heinrich Barth noch nach:
„und vergessen Sie nicht den Gatroner, das war mein treuester
„Diener, irgendwo in Fesan wird er seine Wohnung haben,
„nehmen Sie ihn ja mit.“
Ich hatte mich wohl der Worte Heinrich Barth's erinnert,
als ich 1865 in Fesan angekommen war, aber wo der Gatroner
wohnte, konnte ich nicht erfahren, und ich hatte schon die
Hoffnung aufgegeben, ihn in meine Dienste nehmen zu können,
als eines Tages in Mursuk, der Hauptstadt von Fesan, woselbst
ich längeren Aufenthalt hatte, einer meiner Neger zu mir kam:
„Da ist ein Fremder mit Frau und Kind, er will Dich sprechen,
„aber er ladet auch seine Habseligkeiten ab, und richtet sich
„häuslich ein.“ Ich war begierig den Mann zu sehen, der mit
mir reden wollte, und der so ohne Umstände meine Wohnung
als die seine zu betrachten schien. Im unteren Hausraum, trat
mir ein sehnig aussehendes Männlein entgegen, mit keineswegs
schönen Gesichtszügen. Das vorstehende, nach einer Photo-
graphie gemachte Bild besagt übrigens mehr als Worte es
vermögen, dass der Gatroni weder ein Ganymed noch ein
Apollo war.

1

„Gott grüss Dich, willkommen", redete ich ihn an, worauf
er mit einem Redefluss, der sonst mit seiner habituellen Schweig-
samkeit contrastirte, begann: „Gott segne Dich, Du hast gewiss
„lange auf mich gewartet, aber ich habe erst seit einigen Tagen
„Deine Ankunft erfahren, und dann musste ich doch meine Frau
„und meinen Sohn mitbringen. Ich habe meiner Frau ge-
„schworen nicht wieder auf Reisen zu gehen, aber ich werde
„doch den Vetter meines Herrn (Barth) besuchen." — Ich
merkte schon, dass er innerlich Lust habe, die Reise mit mir
zu machen, hiess ihn nochmals willkommen, und nach kurzem
war er auch wirklich in meinen Diensten, und hat die Reise
nach dem Tschad-See mit mir gemacht. Immer treu und hin-
gebend, liess ich ihn in Kuka zurück, als ich von dort nach
dem Golf von Guinea reiste, damit er von da mein Gepäck,
welches ich nicht weiter mitnehmen konnte, nach dem Norden
zurückbrächte. Auch dieser Aufgabe hat er sich aufs beste
entledigt.

Mohammed Gatroni, welcher noch lebt, und in Dodjal,
einem kleinen Orte in Fesan wohnt, wird vielleicht jetzt 60
Jahre alt sein, sieht aber viel älter aus als er ist. Und in der
That haben die vielen Strapazen, nebst zeitweise ungenügender
Kost, seinen ohnedies nicht starken Körper frühzeitig gebrochen.
Nicht nur ist er mit Heinrich Barth in Timbuktu gewesen,
sondern auch Eduard Vogel, Henry Duveyrier, Moritz von Beurmann diente er, und nachdem er eine Zeitlang, seit er in
meinen Diensten gewesen, der Ruhe gepflegt, begleitete er Dr.
Nachtigal nach dem Tschad-See. Jetzt haben seine Reisen ein
Ende, gichtkrank wohnt er in seinem kleinen Palmhain, und
lässt sich pflegen von Kind und Kindeskindern, während er
ihnen von seinen grossen Reisen erzählt.

Dass aber in seiner Familie das Reisen erblich ist, beweist
sein Sohn Ali. 1864 als er mit seinem Vater nach Mursuk zu
mir kam, war er noch ein kleiner Knabe. Kräftig herange-
wachsen, kam er 1879 nach Sokna, und sich mir zur Verfügung
stellend, hat er die Expedition nach Kufra mitgemacht; ein

würdiger Sohn seines Vaters, wird er sicher noch manchem Africa-Reisenden zur Seite stehen, und jeder wird ihn treu und ehrlich wie den „alten Gatroner", dem er sehr ähnlich sieht, finden und lieb gewinnen.

Tripolitanien

und

seine Bedeutung in der Entdeckungsgeschichte von Africa.

Die Thatsache, dass inmitten so bewegter Zeiten unter dem Präsidium des hochherzigen Königs der Belgier eine Conferenz zusammen treten konnte, welche ausschliesslich humanitäre Zwecke zu verfolgen sich vorsetzte, ist sicher eins der hervorragendsten Zeichen unseres Jahrhunderts. Des Jahrhunderts, von dem man später sagen wird, dass, wenn man auch durch welterschütternde Umwälzungen und durch Kriege, wie man sie früher grossartiger nicht erlebt hat, ein neues politisches Gleichgewicht glaubte suchen zu müssen, doch nie von den civilisirten Nationen das Streben ausser Acht gelassen wurde, das Loos des einzelnen Menschen zu heben, so wie das, ganze Völker durch Cultur, Freiheit und Licht zum menschenwürdigen Dasein zu bringen.

Es muss die Aufgabe eines einzelnen Menschen sein, das Loos seines Mitmenschen zu verbessern, es ist das Ziel der Könige und Regierungen, ganze Völker zu civilisiren. Und handelt es sich um einen ganzen Erdtheil, und noch dazu um einen Continent, der zum grössten Theil unerforscht ist, und wo ganze Völkerschaften in den Banden der Nacht und Finsterniss verharren, dann ist ohne Widerrede der richtigste Weg, um

1 *

Civilisation zu verbreiten, der, ans Werk mit gemeinsamen Kräften zu gehen, die Angelegenheit zu einer internationalen zu machen.

Dies hat zuerst der König der Belgier erkannt, und freudig folgten die grossen Völker der Erde seinem Rufe. Es handelt sich um die Erschliessung und Erforschung der Theile Africa's, welche sich bislang unserer Kenntniss entzogen haben, um die Civilisirung der Neger und um Abschaffung des Sclavenhandels.

Mag man nun auch über die Culturfähigkeit der Neger denken wie man will, und mögen Manche von solchen Versuchen sich keine Resultate versprechen, so ist es jedenfalls die Pflicht der gebildeten Nationen, nichts unversucht zu lassen, um unsere schwarzen Brüder der Segnungen der Gesittung theilhaftig werden zu lassen, welcher wir uns erfreuen. Und wenn sich auch die Thatsache schwerlich hinwegleugnen lässt, dass die Naturvölker durch den Contact mit den civilisirten Menschen einem raschen Aussterben entgegen gehen, so liegt doch unzweifelhaft uns stets die Pflicht ob, Alles zu versuchen und zu thun, jenen unglücklichen Stämmen Bildung und geordnete Zustände zu bringen. Zudem muss berücksichtigt werden, dass diese ganze Frage keineswegs endgiltig entschieden ist. Denn von den Ureinwohnern America's und Australien's kann man nicht ohne Weiteres auf die Bewohner Centralafrica's schliessen, und so weit jetzt die Erfahrungen reichen, scheinen diese allein das dort so gefährliche Klima vertragen zu können.

Uebersehen darf man überdies nie, dass die meisten Africareisenden sich für die Culturfähigkeit der Schwarzen ausgesprochen haben, obgleich hervorragende Anthropologen von Fach solches verneinen. Man muss bedenken, dass die Reisenden die Neger in ihrer Heimath und Freiheit, in ihrem Naturzustande, in ihren wahren Verhältnissen beobachteten, während die Anthropologen sie nur kennen lernten aus Schilderungen, oder wenn aus eigener Anschauung, als Sclaven, also unter fremdartigen, keineswegs normalen Verhältnissen.

Durch die Brüsseler Conferenz ist ganz besonders betont, das Augenmerk auf den Theil von Africa zu richten, welcher zwischen dem 10.° N. B., dem 10.° S. B. und dem 30.° und 50.° O. und W. L. von F. gelegen ist, im weitesten Sinne genommen. Und in der That ist dies grosse Gebiet bislang nicht nur das unbekannteste, sondern auch dasjenige, welches den civilisatorischen Bestrebungen den weitesten Spielraum gestattet: es befindet sich dort — mit Sicherheit kann man das fast behaupten, eine dichte Bevölkerung.

Indess hat die Brüsseler Conferenz doch auch ihr Augenmerk auf die nördlichen Sudanländer gerichtet, und speziell sind Bagermi und Uadaï als Länder hervorgehoben worden, von denen man ausgehen könnte. Zu diesen möchten wir auch noch Adamaua, die Korofa- und Nafra-Gebiete gezogen sehen, so wie das nördlich davon gelegene Bautschi. Abgesehen von Nafra, welches am besten von Lokoja, am Niger gelegen, zugänglich ist, sind aber alle jene eben genannten Gebiete von Tripolitanien aus am leichtesten zu erreichen. Ich will nicht unterlassen, darauf hinzuweisen, dass man auch von Aegypten aus, bequem nach Uadaï würde reisen können, wenn nicht der Umstand eingetreten wäre, dass der Chedive sich Fur's mit Waffengewalt bemächtigt hätte, was natürlich jetzt in Uadaï grosses Misstrauen, ja feindseliges Verhalten hervorrufen muss gegen Alles, was vom Nil kommt. Zudem hat aber die Association in Brüssel beschlossen, Aegypten selbst ganz ausser dem Bereiche der sich vorgesteckten Thätigkeit zu lassen. Schliessen wir aber Aegypten aus, dann bleibt als einziges Thor für Nordcentralafrica nur Tripolitanien. Denn Marokko muss wegen des dort herrschenden Fanatismus seiner Bewohner, wegen des glühenden Hasses alles Europäischen, vorläufig ganz ausser Frage bleiben, ebenso Algerien, wo die südlichsten unabhängigen Stämme, z. B. in Tuat und den Tuareg-Gebieten, jetzt noch eine unübersteigliche Schranke für die Verbreitung der Cultur und Civilisation der Europäer bilden. Dasselbe kann man fast von Tunesien sagen, denn die dortige schwache Regierung hat es noch keineswegs einmal vermocht, in der Hauptstadt selbst vollkommen sichere Zustände herzustellen. Wurden doch im vergangenen Winter noch europäische Maler, welche vom fanatischen Pöbel bei dem Abzeichnen einer Moschee betroffen waren, auf roheste Weise insultirt, und schlimmere Excesse konnten nur durch Intervention consularischer Cavassen vermieden werden.

Ganz anders verhält es sich mit Tripolitanien.

Betrachtet man die Karte von Africa, so ergiebt sich sofort schon ein mechanischer in die Augen springender Vortheil, den dieses Land bietet: Die Nordküste von Algerien und Tunesien geht bis zum c. 37.° N. B., die von Tripolis bis zum c. 31.° N. B. Die südlichsten Punkte von Algerien liegen (wenn ich Golea als französisch betrachte, obschon die dort lebende Bevölkerung keineswegs unbedingt dem algerinischen Gouvernement ergeben ist) unter dem 30.° N. B., während das südlichste Land Tripolitaniens, Fesan, südwärts an den nördlichen Wendekreis herantritt. Bis zum Wendekreis des Krebses kann der Forscher, von Tripolitanien ausgehend, ohne grosse Schwierigkeiten überwinden zu müssen, reisen.

Das ist eine Thatsache, welche nicht zu unterschätzen ist.

Ein anderer grosser Nutzen, den Tripolitanien den Entdeckungsreisenden bietet, ist, dass im ganzen Lande die grösste Sicherheit herrscht. Denn wenn auch in jüngster Zeit Morde europäischer Reisender dort vorgekommen sind, so ist nicht ausser Acht zu lassen, dass Alexandrine Tinne, Dournaux-Dupéré und Joubert zwar auf tripolitanischem Boden ermordet wurden, aber nicht von türkischen Unterthanen. Bei einem so ungemein ausgedehnten Territorium, wie es Tripolitanien ist, wo fruchtbare Landstrecken überall durch ausgebreitete Wüsteneien getrennt sind, kann man aber unmöglich die Regierung für vereinzelt vorkommende Verbrechen verantwortlich machen, zumal wenn sie nicht einmal von den eigenen Unterthanen begangen worden sind.

Im Gegentheil, man muss das der türkischen Regierung nachsagen, dass sie es verstanden hat, Sicherheit im Lande zu schaffen für Privatpersonen, trotzdem Tripolitanien noch nicht so lange im Besitz der Pforte ist als Algerien unter französischer Herrschaft.

Die Grenzen von Tripolitanien sind nur nach Norden zu bestimmt gezogen, nämlich durchs Mittelmeer. Im Westen nehmen einige Geographen als Ausgangspunkt das Cap el Biben, andere den Ued Sagrau an, und ziehen von dort eine Linie nach Rhadames, der Art, dass diese Wüstenstadt mit ihrem kleinen Gebiet noch Tripolitanien zufällt. Von Rhadames südwärts eine Linie nach Rhat ziehend, erhält man die weitere Westlinie. Die Südgrenze wird fixirt durch Rhat, Tedjerri in Fesan, von welch'· letzterem Orte sodann eine Linie nach den Oasen Djalo und Audjila gezogen werden muss, um die Südgrenze zu erhalten. Im Osten bildet der Golf vom Milhr den Punkt, welcher als Grenze angenommen wird zwischen Aegypten und dem türkischen Gebiet. Die Linie südwärts vom Golf Milhr ist aber nur eine ideal gezogene als Ostgrenze, denn man weiss nicht einmal, ob der Bir Tarfaya ägyptisch oder tripolitanisch ist. Topographisch würden wir nicht anstehen, ihn zur Oase des Jupiter Ammon, also zum ägyptischen Territorium zu rechnen. Dies ungeheuer grosse Gebiet, doppelt so gross als Deutschland, ist noch fast ganz unerforscht. Und wir haben natürlich, wie es aber in Wirklichkeit der Fall ist, die Grenzen nur ganz ungefähr gezogen, denn, wenn man will, kann man dieselben nach allen Seiten hin weiter ausdehnen. Mit den Nachbarn sind noch nie darüber Verhandlungen gepflogen worden, und wird es damit auch noch gute Weile haben.

Wir haben oben schon angedeutet, dass Tripolitanien nicht nur einer der allerwichtigsten Ausgangspunkte für Entdeckungsreisende gewesen ist, sondern es auch bleiben wird. Weshalb das Letztere, ist ebenfalls schon aus der bevorzugten Lage erörtert worden. Und um das erstere zu erhärten, führen wir nur folgende Thatsachen an:

Der Vater der deutschen Africa-Reisenden, Hornemann, trat, und zwar auf Kosten der Londoner africanischen Gesellschaft, 1799 seine Reise, unter den Auspicien Bonaparte's, von Cairo aus an, aber um dieselbe zu einer erfolgreichen machen zu können, kehrte er von Mursuk, bis wohin er schon gekommen war, nach Tripolis zurück, brach dann von dieser Stadt aus auf, und wenn er später im Sudan, man vermuthet in Timbuktu, seinem Schicksal erlag, so theilte er dies beklagenswerthe Loos mit vielen anderen.

Lyon und Ritchie's Expedition nach Fesan, welche sie 1818—20 von Tripolis aus unternahmen, machten damals das grösste Aufsehen, und dieser Reise verdankten wir zuerst sichere, auf eigene Anschauung und Erfahrung beruhende Kunde vom Sultanat Fesan, welches im Anfange dieses Jahrhunderts noch so mächtig war, dass es Krieg mit Tripolitanien selbst führte.

Denham machte 1821 im Vereine mit Dr. Oudney und Clapperton jene Epoche machende Expedition nach Bornu, Mandara und Sokoto. Von Tripolis aus traten sie dieselbe an, und zuerst bekam man jetzt Kunde von jenen grossen sudanischen Reichen, welche man bis dahin nur dem Namen nach gekannt hatte. Die Expeditionsmitglieder kehrten über Tripolis nach der Heimath zurück.

Die Gebrüder F. W. und K. W. Beechey unternahmen 1821 von Tripolis aus, jene erfolgreiche Erforschung längs der Küste der grossen Syrte, und durch sie erhielten wir jetzt zum ersten Mal eine richtige Küstenaufnahme der Syrtenufer und der felsigen Gestade Cyrenaïka's.

Major Laing trat 1825 seine Reise nach Timbuktu von Tripolitanien an. Auf der Rückkehr von Timbuktu wurde er leider ermordet.

Richardson drang, der erste Europäer, von Tripolis ausgehend, über Rhadames bis Rhat vor, und 1850 war er zuerst der Führer der Barth'schen Expedition, welche von Tripolis ausging.

In der That, hatte Barth schon vorher die ganze Nordküste Africa's durchforscht, so trat er doch seine, an Ausbeute
und Errungenschaft so reiche Untersuchung, mit Richardson und
Overweg 1850 von Tripolis an, und kehrte auch von seiner
grossen Wanderung nach Tripolis zurück, nachdem seine
beiden Gefährten im Sudan ihren Tod gefunden hatten.

Auch Eduard Vogel trat 1853 seine Exploration von Tripolis an; dass er drei Jahre später in Uadaï ermordet wurde,
ist bekannt.

Demselben Schicksal erlag auch der treffliche Moritz von
Beurmann, und auch er trat 1861, wenn auch nicht von Tripolis, so doch von einer tripolitanischen Stadt, von Ben-
ghasi, seine Reise nach dem Sudan an.

Duveyrier beendete seine mustergiltige Erforschungsreise
in die Sahara und zum Gebiete der Tuareg in Tripolis.

Oberst Mircher, Polignac, Vatonne, Hoffmann und Ismael
Bou Derba machten ihre Expedition nach Rhadames im Jahre
1861 von Tripolis aus.

Ich selbst beendete eine meiner Expeditionen, nämlich
die Uebersteigung des grossen Atlas und die Reise nach Tuat,
in Tripolis.

Mein Unternehmen nach dem Tschad-See und quer durch
den africanischen Continent fing ich von Tripolis aus an, und
endlich, die Wanderung nach Cyrenaïka und der Oase des Jupiter Ammon, wurde von Tripolis aus unternommen.

Dr. Nachtigal schliesslich begann seine Reise nach Bornu,
die ihn zugleich nach dem jungfräulichen Tibesti brachte, und
wobei es ihm gelang Borgu und Uadaï zu durchziehen, von
Tripolis aus; um dieselbe Zeit brach mit ihm von Tripolis auf Alexandrine Tinne, welche allerdings den Versuch
von hier aus nach dem Sudan vordringen zu wollen, mit ihrem
jungen Leben büssen musste.

Und während diese Zeilen geschrieben wurden, ist es Dr.
von Bary gelungen, von Tripolis aus Rhat und Air zu
erreichen, immerhin ein Erfolg, wenn man bedenkt, dass seit

Duveyrier kein Europäer diesen Ort erreichte, aber wie drei vor
ihm auf dieser Strecke, fiel auch er, ein Opfer des dunklen
Continents.

Die grosse Reihe wirklich glänzender Expeditionen, welche
von hier aus unternommen wurden, verbürgt, dächte ich, hinlänglich die Wichtigkeit Tripolis' als Ausgangspunkt für grössere
Expeditionen. Die Namen von Hornemann, Lyon, Ritchie, Denham, Dudney, Clapperton, Laing, Beechey, Richardson, Barth,
Overweg, Vogel, v. Beurmann, Duveyrier, Nachtigal und meiner
Wenigkeit sind in der That von Tripolis gar nicht zu trennen.

Ich glaube somit zur Genüge die Wichtigkeit Tripolis' als
Abgangsstation dargelegt zu haben, möchte aber nur noch
betonen, dass durch die oben genannten Reisenden und Expeditionen keineswegs die ins Innere führenden Routen erschöpft
sind. Wenn auch die Hauptstrasse, die via Fesan und Bilma direct
ins Innere geht, vorläufig den grossen Umrissen nach bekannt
erscheint, so muss man bedenken, dass der Weg von Rhat südwärts über Aïr nur einmal begangen, dass aber der Weg von
Djalo über Kufra und Uadjanga nach Uadaï noch nie erforscht
wurde, dass es von Beurmann nur gelang, von Mursuk aus
östlich bis Uau zu kommen, dass endlich das wichtige Hogar-
oder Ahagar-Gebiet, wegen seiner gebirgigen Natur so hoch
interessant, noch immer der Erschliessung harrt, dass somit
auch für die Zukunft Tripolis noch immer als einer der besten
Plätze bezeichnet werden muss, als Ausgangspunkt für Entdeckungsreisende.

Dazu ist namentlich zu rechnen, dass eins der grossen
africanischen Probleme wohl nur von Tripolitanien aus gelöst
werden kann, wenigstens unter den jetzigen Verhältnissen. Es ist
das gewissermassen ein Vermächtniss unseres ruhmvollen Barth.

Als ich im Winter 1864 in Berlin mit demselben über
meine bevorstehende Reise nach Centralafrica mich berieth, bezeichnete er es als eine der grössten Aufgaben *), festzustellen,

---

*) Siehe Barth, Vorrede und III p. 198.

ob eine Wasserverbindung zwischen den Schari-Gewässern und
denen des Benue bestände. Es klingt auf den ersten Augenblick paradox und doch wäre keineswegs die Möglichkeit ausgeschlossen, dass während der Regenzeit aus den sumpfigen
Tuburiländern ein Theil der Niederschläge nach dem Tschad-
see, ein Theil nach dem atlantischen Ocean seinen Weg suchte
und zwar aus derselben Gegend.

Haben wir doch in den Vereinigten Staaten von Nord-
america auch die Eigenthümlichkeit, dass der Michigan-See
seine Gewässer durch die Seenkette nach dem atlantischen
Ocean ergiesst, zugleich aber durch den Illinois river und Mis-
sissippi in den Golf von Mexico. Wenn letztere Verbindung
auch erst wegen der nothwendig gewordenen Erhöhung von
Chicago künstlich geschaffen worden ist, so liegt doch auf der
Hand, dass die Natur ebenso gut einen Abfluss nach z w e i
oder m e h r e r e n Seiten bewirken kann von Einer Ebene, von
Einem See, von Einer Hochebene aus. Derartige Beispiele giebt
es überdies auf unserer Erde genug.

Wie wichtig wäre es aber, einen solchen Zusammenhang
der Gewässer wirklich nachzuweisen! Bei der grossen und
weit aufwärts möglichen Schiffbarkeit des Benuè, wäre sodann
an eine Wasserstrasse vom atlantischen Ocean nach dem Tschad-
See zu denken. Die Tuburi-Gegenden sind aber vorläufig am
leichtesten v o n T r i p o l i t a n i e n a u s zu erreichen.

Ich habe mich darauf beschränkt, nur die Reisenden und
ihre Expeditionen anzuführen, welche von Tripolitanien aus-
gingen, um Innerafrica zu erschliessen. Die Anzahl derer, welche
sich mit der Regentschaft selbst beschäftigt haben, ist gleich
gross und dennoch ist bis auf den heutigen Tag, abgesehen
von Marokko, Tripolitanien d i e Landschaft von Nordafrica,
welche am unbekanntesten geblieben ist.

Zum Theil liegt es daran, dass eben jene Reisenden, welche
nach Centralafrica reisen wollten, der Erforschung des tripolitanischen Gebietes zu wenig Wichtigkeit beilegten; es war
ihnen darum zu thun, so schnell vorwärts zu kommen wie mög-

lich, um bald ganz neue Gegenden zu erreichen. Zum Theil
ist es dadurch begründet, dass nie Fachgelehrte Tripolitanien
als Object ihrer Untersuchungen genommen haben. Letztere
können selbstverständlich nur dann mit Erfolg und Gründlich-
keit ihre Studien in einem Lande betreiben, wenn sie wissen,
dass sie in demselben einen zuverlässigen Halt
und Stützpunkt finden. Man muss in dieser Beziehung
wohl unterscheiden. Ein Entdeckungsreisender soll und
muss überall hingehen. Er soll nur möglichst genaue Auskunft
über die Topographie, über orographische und hydrographische
Verhältnisse der Länder geben, so wie im Allgemeinen über
die Geologie, die Pflanzen, Thiere und Völker berichten.

Aber wenn ein Land den grossen Umrissen nach bekannt
ist, dann kommt die Reihe an die Fachgelehrten, an die
Specialisten, die aber einen Stützpunkt haben müssen, weil sie
sonst in einem kaum erforschten Land, wie z. B. in Tripolitanien, in die Rolle eines Entdeckungsreisenden hineinfielen.
Sobald sie aber wissen, dass ihnen jemand zur Seite steht,
welcher sie in einem ganz fremden Lande mit Rath und That
unterstützt, und ihre Aufmerksamkeit auf das lenken kann, was
ihrer Beobachtung würdig ist, können sie mit Erfolg operiren.
Ein solcher Mittelpunkt für Reisende fehlt aber in Tripolitanien
ganz und gar. Wohl fanden seiner Zeit die Reisenden trefflichen Halt an Männern, wie Botta, Hermann, Warrington u. a.,
aber es war das immer mehr ein bloss materieller, basirt auf
die consularische Macht der Genannten, als dass sie sich je um
Forschungen bekümmert hätten. Nur Botta suchte in jeder
Beziehung eine Ausnahme zu machen.

Aber wenn er auch der gelehrteste Mann war, und namentlich um Niniveh- und Cuneïformschrift sich unsterbliche Ver-
dienste erworben, so wusste er von Tripolitanien nur das, was
seine consularische Thätigkeit erforderte, und von Centralafrica
so viel wie jeder Gebildete, welcher in Nordafrica weilt. Aehn-
lich war es mit Oberst Hermann und Oberst Warrington der
Fall, welche den Reisenden in ihren Unternehmungen trefflich

zur Seite standen, denen aber trotzdem die Kenntniss von Land
und Leuten abging, die man erwirbt, wenn man als ihres Gleichen
unter ihnen gelebt hat. Augenblicklich ist aber in Tripolis
weder ein Botta noch ein Hermann.

Wie viel aber in Tripolitanien selbst noch zu thun ist,
erhellt aus nachfolgender kurzer Darlegung:

Was die Fauna anbetrifft, so soll nicht geleugnet werden,
dass unter den grösseren Thieren kaum ein neues zu finden
sein dürfte. Reissende Thiere giebt es überhaupt nicht mehr,
falls man Hyänen und Schakale nicht dahin rechnet. Aber in
der kleineren Thierwelt würde manches Interessante vorkommen,
namentlich ein Entomologe seine Mühe gewiss nicht unbelohnt
finden. Und dass auch der Zoolog in der Cyrenaïka eigen gebildete kleinere Thiere finden könnte, der wirklich insularen
Lage des Landes wegen, daran ist wohl kaum zu zweifeln, und
wäre das gewiss einer Untersuchung werth. Ausserdem ist die
Küste reich an Schwämmen und Korallen, und in den stets
Wasser haltenden Uadis giebt es Fische.

Botanisch ist das Land so gut wie noch gar nicht untersucht. Und doch dürfen wir vermuthen, gerade hier eine von
den übrigen Ländern Nordafrica's verschiedenartige Flora zu
finden. Die Djefara ist eine der pflanzenreichsten Gegenden
Nordafrica's. Ich würde sie mit der Metidja von Algier in topo-
graphischer Beziehung vergleichen, denn sie ist im Norden vom
Mittelmeere bespült, östlich und südlich aber vom Djebel, welches
Gebirge verschiedene Namen hat, zu einem Dreieck umsäumt.
So präsentirt sich die Metidja auch: als eine, von Gebirgen
umschlungene, am Meere gelegene Ebene. Aber die Djefara
wird ganz andere Pflanzen haben, weil sie 5° südlicher liegt
als jene. Die Djefara ist überdies ungefähr 10 Mal so gross
wie die Metidja.

Das Gebirge im Süden von Tripolis ist auch mit einer
andern Flora bestanden, als die auf den Algerischen und
Tunesischen Ländern am Meere gelegenen Bergen, weil diese

gleich eine bedeutende Höhe erreichen, aber die in Tripolis
kaum zu 2500 Fuss ansteigen.

Die Wüstenflora von Tripolitanien, sowie die in den tripolitanischen Oasen ist fast ganz unbekannt. Allerdings hat
Henry Duveyrier eine dankenswerthe Bereicherung der Pflanzen
südlich von Rhadames gegeben, aber das eigentliche Tripolitanien, namentlich die grossen Strecken südlich von den Syrten
sind botanisch noch vollkommen jungfräulich. Und dasselbe
kann man von Cyrenaïka sagen. Die inselartige Lage dieses
Landes, die reiche Vegetation desselben stellen dem Botaniker
die schönsten Schätze in Aussicht. Ist doch noch heute nicht
einmal endgiltig entschieden, welche Pflanze, unter den jetzt
dort wachsenden, jenes im Alterthum so berühmte Silphium
gewesen ist.

Wenn aus diesen Andeutungen genugsam hervorleuchtet,
dass ein Botaniker für Jahre dort reiche Beschäftigung fände,
so ist andererseits für den Geologen das zu erforschende Gebiet
nicht minder reich. Der einzige Geolog von Fach, Overweg,
hatte sein Augenmerk weniger auf Tripolitanien gerichtet, als
auf den Sudan. Das Ghoriangebirge, das schwarze Gebirge,
der von Hornemann und von Beurmann durchzogene Harudj,
sind geologisch noch gar nicht untersucht. Und was ein wirk-
licher Geologe und Paläontolog zu finden vermag, wo Laien
nichts sehen, das hat am deutlichsten die libysche Expedition
1873/1874 gezeigt. Die Partien mit felsigem Boden waren
doch auch früher schon begangen worden, unsere Expedition
war keineswegs die erste, welche nach Dachel, nach Chargeh
und nach der Oase des Jupiter Ammon hingekommen ist. Berühmte Namen stehen mit den Oasen in Verbindung. Aber
wissenschaftlich erschlossen hat die Gesteinskunde dieser Gegend
nur Zittel.

In Cyrenaïka, diesem so interessanten Hochlande Nordafrica's, sind die namhaftesten Forscher gewesen, dennoch
wissen wir über die geologischen Verhältnisse fast nichts. Tripolitanien ist eben noch ein unerforschtes Land.

Am wenigsten befriedigend sind aber die topographischen Verhältnisse festgestellt. Einigermassen genau verzeichnet und aufgenommen ist nur die Küste, und selbst diese ist an manchen Punkten, namentlich an der Syrte, nicht ganz zuverlässig. Im Innern haben wir aber nur einzelne Orte, welche astronomisch bestimmt sind, und eine genauere Nachbestimmung wäre auch hier wohl sehr wünschenswerth. Die nächste Umgegend von Tripolis ist kaum bekannt. Wir haben in der Djefara verschiedene Uidian *) verzeichnet, aber der Lauf derselben ist nicht correct, sondern beruht meistens nur auf Aussagen der Eingebornen; wir wissen nicht einmal,' ob einige unter ihnen bloss periodisch Wasser haben, oder wirkliche Flüsse sind.

Das Gebirge unmittelbar im Süden von Tripolis, hier Duirat, dort Ghorian genannt, kennen wir allerdings den grossen Umrissen nach, aber weder sind auch nur die bedeutendsten Höhen alle gemessen, oder auch nur verzeichnet, noch sind sonst die Züge der Bergrippen und Thäler genau richtig. Das bedeutende Uadi Sufedjin ist noch nie von seinem Ursprung bis zur Mündung erforscht worden, wir kennen nur seine Existenz, weil die meisten Reisenden es an verschiedenen Stellen durchschnitten.

Man wusste so wenig von der Ausdehnung der »schwarzen Berge« südlich von Sokna, dass erst meine Reise südlich von Misda nähere Aufklärung brachte: Ueber einen Grad östlich davon fand ich die schwarzen Berge und zwar ca. 1000' höher als die südlich von Sokna. Und es dürfte wohl keine allzu gewagte Behauptung sein, dass alle diese Höhen Theile eines grossen zusammenhängenden Gebirgszuges seien, einerlei ob Harudj assuad oder Djebel ssuda**) genannt. Aber es ist von grösster Wichtigkeit, dies durch eine Exploration zu erhärten.

---

*) Uidian ist pl. von Uadi, Flussbett.
**) Durch die Expedition nach Kufra ist festgestellt, dass der Gebirgszug Ein Ganzes bildet.

Die ganze grosse Region südlich von der grossen Syrte
nach dem Inneren zu, ist noch unbekannt, und von Cyrenaïka
ist eigentlich nur die Küste, und der Nordwestsaum des Hoch-
landes aufgenommen. Wie und wo das Hochland nach dem
Osten aufhört und abfällt, können wir wohl vermuthen und
stellen es nach unseren Vermuthungen auch so auf den Karten
dar, ob das aber richtig ist, wissen wir nicht, es ist noch
niemand dagewesen. Es wäre gewiss von Bedeutung festzustellen, ob die Depression von Audjila-Djalo und Bir Rissam,
vom Syrtenmeer durch Sanddünen, oder durch felsiges Terrain
abgeschlossen ist. Damit soll aber, falls ersteres sich erwiese,
keineswegs gleich für eine Unterwässerung der betreffenden
Depression plaidirt werden.

Vor allem wichtig aber wäre es, über die ethnographischen
Verhältnisse Tripolitaniens Aufschlüsse zu bekommen, über
welche noch so gut wie gar nichts festgestellt ist. Die Angabe
der Zahl der Bewohner ist so verschieden, für Tripolis-Stadt
selbst, dass ich darauf verzichte, eine Zahl zu nennen. Aber
wie sieht es erst mit der Abstammung der Triben selbst aus,
wenn wir von den Städten absehen. Wir wissen eigentlich
nichts davon.

Wohl sagen wir, in den Bergen wohnen Berber, welche
tamasirht reden, die zum Theil Choms (d. h. nicht Rechtgläubige,
sondern einer fünften Secte angehörend) sind, aber das ist auch
so ziemlich Alles, was wir von ihnen wissen. Am genauesten
haben wir noch Aufschlüsse über den Ursprung der Rhadamser.
In der Djefara nomadisiren zahlreiche Stämme; es ist nicht
einmal ausgemacht, ob sie berberischen oder arabischen Triben
angehören. Denn keineswegs dürfte es richtig sein, dass alle
die Triben, welche Zelte aus Wolle oder Haar bewohnen, arabischen Ursprungs seien.

In Tripolitanien ist also eigentlich noch alles zu thun,
denn die Botanik so gut wie die Geologie, die Gestaltung der
Erdoberfläche wie die dort lebenden Stämme sind unerforscht.
Und über die meteorologischen Verhältnisse liegt nur das vor,

was die Reisenden während ihrer periodischen Anwesenheit in Tripolitanien aufzeichneten. Wie lückenhaft ist das aber! Dove hat wiederholt betont, wie wichtig es sei, allein genauer und regelmässig angestellter meteorologischer Beobachtungen wegen, eine Station in Tripolis zu haben. Ehe wir nicht in ganz Europa, und in dieser Beziehung müssen die Berberstaaten und der ganze Nordrand von Africa mit zu Europa gezählt werden, ein correspondirendes Netz von meteorologischen Stationen haben, werden wir überhaupt nicht im Stande sein, solche Resultate zu erzielen, wie es das Signal office of the united states in Washington thut. An der ganzen ausgedehnten Küste von Nordafrica giebt es aber nur in Algerien zuverlässige meteorologische Stationen, während auf der langen, langen Strecke von Bone bis Alexandria in Egypten kaum ein Barometer zu finden sein dürfte, — eine Strecke, welche in gerader Luftlinie so lang ist wie von Madrid nach Berlin — oder falls ein solches in dem Hause irgend eines Consuls sich vorfände, doch nicht benutzt wird. Man bedenke doch, welch grossen Einfluss gerade Africa mit der Sahara, und speciell Tripolitanien wegen seines saharischen Charakters, auf unser Klima ausübt! Wie manches werden wir uns. in unseren meteorologischen Verhältnissen später mit Leichtigkeit erklären, wenn constante Beobachtungen in Africa den Schlüssel geben. Schon vor Jahren betonte auch Bruhns in Leipzig das Wichtige einer meteorologischen Station in Tripolis.

Von allen Zweigen ist es aber die Archäologie und die prähistorische Kunde, welche die reichste Ausbeute erzielen dürften.

Gleich in Tripolis selbst erwartet den Alterthumsforscher ungeahnte Ausbeute *), und die beiden grossen Ruinenstädte Sabratha im Westen, Leptis magna im Osten, eine jede etwa einen Grad von Tripolis entfernt, bieten Schätze, die vielleicht

---

*) So ist z. B. noch gar nicht einmal sicher festgestellt, ob Tripolis an der Stelle des alten Oea liegt, oder die Stätte weiter östlich zu suchen ist. Mannert z. B. hält das heutige Tripolis für das alte Pisindon.

2

grösser sind als mancher denkt. Die Phönizier, Griechen und Römer haben dort ihre Spuren zurückgelassen.

Der grosse Palast, den Kaiser Severus in Leptis errichten liess, harrt noch immer seiner Enthüllung. Ganz vom Sand überfluthet, hat sich dieser wie ein schützendes Kleid um die grossartigen Ruinen gelegt. Schon Kaiser Justinian fand die Stadt und den Palast so, und die Ausräumung derselben von Sand und die Wiederherstellung der Kaiserwohnung, die Umgebung der Altstadt mit einer Mauer nützte nur kurze Zeit. Jetzt liegt Leptis seit 1000 Jahren unter dem Sande begraben, und nur die Spitzen der Gebäude, welche aus den Dünen ragen, hohe Grabdenkmäler, grossartige Hafenbauten der Phönizier, sagen dem Forscher, was hier alles verborgen liegt.

Aber nicht nur das alte Tripolis (Sabratha, Oea und Leptis magna bildeten die Tripolis) ist besonders erforschungswerth, sondern auch weiter nach dem Innern zu finden sich wohlerhaltene Baudenkmäler der Römer, welche nach dem Süden zu ein ganzes System von Befestigungen errichtet hatten, um die Colonisten und die Städte gegen die Einfälle libyscher Nomaden sicher zu stellen.

Die noch vollkommen ununtersuchten Höhlen im Djebel — wo heute zum Theil die Eingeborenen noch als Troglodyten wohnen, — würden sicher die reichsten vorgeschichtlichen Funde ergeben.

Kein Land der alten Welt ist aber reicher an Ruinen als Cyrenaïka, welche Provinz überhaupt von ganz Tripolitanien am wenigsten erforscht ist. Dicht zusammengedrängt finden wir dort nicht nur die wohlerhaltenen Ruinen der alten Städte Euesperides, Teucheira, Ptolemais, Apollonia, Dernis, Cyrene und Barca, sondern überall dazwischen zerstreut Trümmer von Villen, Grabdenkmälern, Castellen und Nekropolen, wie sie an Pracht und Ausdehnung nirgends in der alten Welt mehr vorkommen. Regelrechte und systematische Nachgrabungen sind in der Cyrenaïka noch nicht gemacht worden, und doch hat man schon herrliche Schätze der Kunst dort gehoben.

Was Ausgrabungen dort für Kunstwerke zu Tage förderten, das haben Denys und namentlich Smith und Porcher bewiesen. Die Statuen, welche letztere nach London gebracht haben, einen Apollo citharoedes, einen Bacchus, die Nymphe Cyrene einen Löwen bändigend und von der Libya gekrönt, gehören zu den schönsten Statuen des Alterthums. Uebrigens kann jeder Tourist sich von der Reichhaltigkeit alter Ueberreste überzeugen, denn an allen Orten werden demselben Münzen, Gemmen, Intaglios und Vasen entgegengebracht, und sie haben den Vorzug, dass sie ächt sind.

In Vorstehendem glaube ich zur Genüge klar gelegt zu haben:

1) Wie wichtig Tripolis und die Regentschaft als Ausgangspunkt für Entdeckungsreisende ist, da Stadt und Land factisch seit Hornemann, also seit dem Ende des vorigen Jahrhunderts bis auf die letzte deutsche Expedition, also in unsere eigenste Zeit hinein, den erfolgreichsten geographischen Expeditionen nach Innerafrica als Basis gedient hat. Zu dem Ende ist es aber von grösster Bedeutung, dass in Tripolis eine Station errichtet wird. Nichts ist werthvoller für den eindringenden Reisenden, als wenn er weiss, dass hinter ihm Jemand steht, der seine Interessen wahrt, der seine Wünsche gewissermassen überwacht und denselben zuvorkommt, und auf den er in unglücklichen Fällen zurückgreifen kann. Dies erkannt und klar auseinandergesetzt zu haben, ist eins der Hauptverdienste der Brüsseler Conferenz.

2) Wie wichtig es ist, methodisch die Erforschung Tripolitaniens selbst in Angriff zu nehmen, welches an sich schon Grund ist, dort eine Station zu errichten.

3) Soll noch die Wichtigkeit hervorgehoben werden, wie nothwendig es ist, zur Unterdrückung der Sclaverei in Tripolis eine Station zu errichten. Schweinfurt in seinem „The Heart of Africa" (t. II. p. 430) meint, dass ohne solche „Commissioners" oder Stationschefs, der Sclavenhandel schwerlich je zu unterdrücken sei; und für Tripolis gilt das mehr als

2 *

für eine andere Landschaft Nordafrica's, weil zwischen Tripolis und Constantinopel directer und nicht controllirter Verkehr stattfindet.

Sollten aber obige Auseinandersetzungen in geographischen und philanthropischen Kreisen Billigung und Anklang finden, dann handelte es sich eben nur um die Beschaffung der Mittel, um eine Station in Tripolis ins Leben zu rufen, und ich zweifle keinen Augenblick, dass man sie eventuell finden würde, einerlei, ob sie aus den Fonds der internationalen Association, oder von irgend einer Regierung bewilligt werden.

Die Halfa und ihre wachsende Bedeutung für den Europäischen Handel.

Ehe man in die eigentliche Sahara eindringt, findet man eine Zone, welche die Franzosen recht bezeichnend die „kleine Wüste" (le petit désert) genannt haben. Eine Zone, welche nasse Niederschläge ab und an erhält, oder aber durch andere Ursachen einen feuchteren, der Vegetation erspriesslicheren Boden hat, als der Theil der grossen Wüste, welcher, eben weil eine fast stets sich gleich bleibende hohe Trockenheit der Atmosphäre ihn bedeckt, fast aller Vegetation bar ist. Im Allgemeinen kann man wohl die Behauptung wagen, dass im Süden der Rand der mit Pflanzen überzogenen Sahara (oder le petit désert) breiter ist, als im Norden, im Westen weiter sich nach dem Innern zu erstreckt, als im Osten der Sahara. Es ist dies natürlich, weil die aus dem S. S. O. kommenden feuchten Regenwinde in jeder Tropen-Regenzeit nicht nur mit grosser Regelmässigkeit einsetzen, um dem südlichen Theil der Sahara Feuchtigkeit sowohl als auch Sämereien zuzuführen, während die vom Mittelmeere kommenden Regen, schon ehe sie den

Atlas übersteigen, an der Nordseite dieser Kette ihre Hauptfeuchtigkeit verlieren, und nur ab und an auf der Südseite
des Gebirges so viel Feuchtigkeit niederschlagen, als nothwendig ist, um den „petit désert" zu bilden. Ganz dasselbe
ist im Westen der Fall: die von N. W. und W. kommenden
Winde führen bedeutend grössere Quantitäten mit Wasser ge-
schwängerter Wolken ins Innere, als die meist trockenen N. O.
und Ostwinde.

Eine gewisse Einförmigkeit zeichnet die Flora der kleinen
Wüste aus, sowohl im Norden als auch im Süden. Die südliche
Flora ist jedenfalls mannigfaltiger als die nördliche, aber noch
zu wenig von einem Botaniker erforscht, um darüber, sowie
über die darin zu verwerthenden Erzeugnisse der Pflanzen nur
irgend wie ein Urtheil abgeben zu können. Hauptproduct ist
bis jetzt nur Gummi der Gummiakazie gewesen. Aber es
unterliegt gar keinem Zweifel, dass bei genauerer Erforschung
der Gegend auch hier Pflanzen vorkommen, welche im Handel
und in der Industrie dermaleinst von grösster Bedeutung sein
werden.

So ist es auch lange Zeit mit dem nördlichen besser be-
kannten Theil der Sahara der Fall gewesen. Erst seit wenigen
Jahren lernt man die Schätze kennen, und sicher sind noch
nicht die Producte aller dort wachsenden Pflanzen bekannt,
um sie würdigen zu können. Sind doch noch nicht einmal die
nutzbringenden Eigenschaften aller im Tel wachsenden Pflanzen,
das heisst der nördlich vom Atlas stehenden, hinlänglich ge-
würdigt, wie denn erst seit kurzem die Sparterie die so weit
verbreitete Zwergpalme (chamaerops humilis), welche überall
nördlich vom Atlas vorkommt, verwerthet.

Eine der nützlichsten Pflanzen, welche colossale Gebiete,
fast möchten wir sagen den ganzen petit désert bedeckt, ist
die Halfa, weiter nach dem Osten zu auch Geddim genannt
(stipa tenacissima). Von alten Zeiten her bekannt, seit langem
ebenfalls zur Mattenflechterei benutzt, ist man aber erst in
den letzten Jahren darauf aufmerksam geworden, welchen Reich-

thum man in dieser Pflanze hat, die gar keiner Pflege und
Cultur bedarf, und welche mit den bescheidensten feuchten
Niederschlägen fürlieb nimmt. Die Halfa wächst in dicken
Büscheln dicht bei einander, sieht pfriemenartig aus, und erreicht die Höhe von etwa 0,2 bis 0,3 m., während die Dicke
des einzelnen Pfriemens etwa 2 mm. beträgt. Die Zähigkeit der
textilen Fasern bedingt den Werth der Halfa zu industriellen
Verwendungen, während sie als Viehfutter kaum in Betracht
kommt. Ja nach Duveyrier *) verursacht sie den Wiederkäuern
Constipationen, welche öftere Anwendung purgirender Mittel
erheischen, so dass die Hirten der Vorwüste jeden vierten oder
fünften Tag ihre Kamel- und Schafherden nach den glücklicher
Weise dort recht häufig vorkommenden bittersalzhaltigen Quellen
führen, welche in sich das Gegenmittel tragen gegen die so
verstopfende Halfa-Kost. Ich selbst habe nur beobachtet, wie
die Kamele und Schafe Halfa wohl abweideten, aber schon nach
kurzem Grasen sich überdrüssig davon abwandten.

Das eine Wort „Papier" erklärt die ganze Wichtigkeit
der Halfa. Die Zeiten liegen lange hinter uns, wo Lumpen
und ähnliche Stoffe hinreichten, um den Völkern ihren Bedarf
an Papier zu decken. Ja, der Zeitpunkt ist gekommen, wo
der Mensch täglich darauf sinnen muss, neue Stoffe zu entdecken,
welche zur Papierfabrikation tauglich sind. Man bedenke nur,
dass der Jahresbedarf an Papier bei den vier Culturvölkern der
Erde: bei den Engländern 6 Kilogr., bei den Nordamerikanern
5½ Kilogr., bei den Deutschen 4½ und bei den Franzosen
4 Kilogr. auf den Kopf beträgt. Dieser Verbrauch ist aber stets
wachsend, und zwar in ganz aussergewöhnlichem Masse. Wenn
in Russland z. B. jetzt auf den Kopf nur 0,₁ Kilogr. gebraucht
wird, in Oesterreich 2 Kilogr., so ist der Verbrauch nach einer
einzigen Generation vielleicht schon in beiden Ländern verdoppelt.

Keine Pflanze scheint sich besser zur Papierfabrikation
zu eignen als Halfa, und keine kann billiger beschafft werden

---

*) Duveyrier, les Touareg etc. p. 203,

als sie. Man kann die Halfa als eine unerschöpfliche Quelle des industriellen Reichthums betrachten, nicht nur in Algerien, sondern in ganz Nordafrica. Algerien wird bald einen Theil seiner Eisenbahnen dieser Pflanze verdanken. Eine dieser Linien, die von Arzew nach Saida, ist schon im Bau begriffen, und andere sind in vorbereitenden Stadien. Wenn man bedenkt, dass diese Linien perpendiculär auf die Küste errichtet werden müssen, dass sie nur bis zum Hochplateau selbst einigermassen bevölkerte Gegenden durchschneiden, dass aber bloss in Algerien noch drei Millionen Hectar Land, bestanden mit Halfa, gegen diese anzulegenden Bahnen ausgetauscht oder cedirt werden können, so wird man leicht die Wichtigkeit dieser die Landschaft erschliessenden eisernen Wege begreifen.

Dazu kommt, dass falls ja ein Raubbau das Erdreich bloss legen sollte — bis jetzt wird leider nur Raubbau betrieben — der Boden sich zur Weincultur vorzüglich eignet. Denn es ist unzweifelhaft, dass in einem gegebenen Augenblick der Weinstock in Nordafrica wieder eine grosse Rolle spielen wird, so wie im Alterthum. Die Weine Nordafrica's waren früher hochgeschätzt. Heute ist aber der Weinbau, der in Folge des Hereinbrechens des weinfeindlichen Islam fast ganz zu Grunde ging, erst wieder im Aufleben begriffen, und zwar nur in Algerien. In den übrigen Nordafricanischen Ländern wird nirgends die Rebe des Weins wegen, sondern nur der frischen Trauben, oder auch der Rosinen wegen gebaut. Und selbst in Algerien ist die Zahl der zum Weinbau benutzten Hectare noch so gering, dass, trotz des Bodenreichthums und trotz der so lohnenden Cultivirung der Rebe, bis jetzt die Halfa einen viel reicheren Gewinn bietet.

Dazu kommt, dass in der Production insofern ein grosser Unterschied besteht, als die Rebe Dünger, Pflege und Arbeitskräfte beansprucht, die zum Theil Capital und bedeutende Kosten verursachen, während die andere Pflanze, die Halfa, Naturproduct des Bodens, allein aufwächst, ohne der mindesten

Pflege zu bedürfen, mit einem Worte d a s ist, was man in der Provence Lou ben de Diou, d. h. die von Gott auf die Erde geschickte Ernte nennt, welche ohne menschliche Hülfe hervorgebracht wird *). Aber, fügt das Journal „l'exploration" hinzu, es ist eine Hülfsquelle zum Ausbeuten, aber nicht zum Verschleudern.

Uebrigens ist die Halfa-Industrie noch ganz in der Kindheit, erst jetzt fangen Gelehrte an, die Eigenschaften des zähen Gewebes wissenschaftlich zu untersuchen, und es war vor Allem interessant, auf der Pariser Ausstellung sich gerade über die industriellen Producte dieser wichtigen Pflanze Aufklärung zu verschaffen.

Bis jetzt geht fast Alles, sowohl das, was in Spanien eingeheimst (das was man in Spanien Atocha nennt, macrochloa tenacissima, oder m. arenaria ist dieselbe Pflanze, die man in Nordafrica Halfa nennt; in den langen Virginia-Cigarren der Oestreicher und Lombarden steckt auch stets ein Halfastengel) als das was in Algerien gewonnen wird, nach England, doch fangen auch die Nordamerikaner an, Halfa aus Africa zu importiren. Soweit mir bekannt geworden, hat man in deutschen Fabriken diese Pflanze zur Papierbereitung noch nicht in Anwendung gebracht. Wenn man sich an Nobl's monthly, registered for foreing transmission, hält, dann importirte England 1868 an Halfa 95,828 Tonnen, von denen 92,927 aus Spanien, der Rest aus Algerien kam. Aber wenn Algerien mit nur 2762 Tonnen zuerst einstand (139 Tonnen kamen aus anderen Ländern), so wuchs in den folgenden Jahren die Ausfuhr dieses Gegenstandes in um so stärkerem Masse, als sie schnell in Spanien eine Abnahme erfuhr. Von 92,927 Tonnen in Spanien im Jahre 1868 fallen sie bis 1874 auf 54,942 Tonnen. Damit hat sich keineswegs der Verbrauch in Grossbrittanien vermindert. Von 95,828 Tonnen im Jahre 1868 ist er auf 119,188 Tonnen im Jahre 1874 gestiegen, aber 1874 werden von Algerien schon 37,516 Tonnen ausgeführt.

---

*) l'exploration, 2. année. Nr. 55. p. 155.

Dazu kommt, dass von 1871 an auch andere Länder anfangen, Halfa auf den Markt zu werfen. Tunis und Tripolis erscheinen 1871 mit 11,579 Tonnen; aber 1874 schon mit 18,670 Tonnen. Die von Malta kommende Halfa, welche 1871 mit 3261 Tonnen anfing, erhob sich 1874 auf 7185 Tonnen. Da Malta selbst nicht im Stande ist, eine so grosse Quantität dieser Pflanze zu geben, so ist die Vermuthung wohl nicht ohne Berechtigung, dass die Insel nur als Sammelpunkt dient, für die Halfa, welche von Cyrenaïka und vom sogenannten libyschen Küstenplateau (Wüstenplateau) abgeheimst wird.

Das Eingreifen anderer Länder — Tunis, Tripolis, Cyrenaïka, und vielleicht des libyschen Küstenplateaus — in den Algerischen und Spanischen Handel, hat übrigens in den letzten Jahren eine Verminderung des Preises der Halfa bewirkt. Da aber in den meisten Ländern der roheste Raubbau betrieben wird, werden wohl nur Spanien und Algerien für längere Zeit das Monopol des Halfa-Handels behalten. Und wie energisch man eine vernünftige Einheimsung dieser kostbaren Pflanze in Frankreich befürwortet, dafür genügen anzuführen folgende Worte der Exploration p. 156, Jahrgang 1878:

„So wie man in Frankreich Massregeln ergriffen hat, „gegen die Entholzung und Zerstörung der Wälder, so sollte „sich die Colonial-Regierung damit beschäftigen, diese immense „Quelle des Reichthums, welche sich auf den Hochebenen „befindet, zu schützen, und nicht nur die schon angedeuteten „Uebel (Abbrennen Seitens der Araber, Vernichtung durch „unrationelles Abheimsen etc.) streng bestrafen, sondern auch „die Halfa-Gegenden gegen die allmähligen, und nach und „nach vordringenden Sandmassen der Sahara abzufertigen *).

---

*) Dies ist wohl zu viel verlangt von einer Regierung, und unserer Erfahrung nach, auch vollkommen unnütz. Im Allgemeinen und Grossen sind die Dünen unveränderlich. Man bedenke nur, welche Befürchtungen hinsichtlich der Sand-Verwehung für den Sues-Canal (ich protestirte dagegen schon 1868, v. Unsere Zeit, Leipzig, Heft XI, 1868) laut wurden! Ich erinnere noch daran, dass in der Oase des Jupiter Ammon seit Tausenden

„Man darf nicht ausser Acht lassen, dass ganz Europa „so wie Amerika Algerien tributär sind, und dass, falls man „durch eine schuldvolle Nachlässigkeit das ganze Halfagebiet „habgierigen Raubbauern überliesse, welche sich wenig um „das öffentliche Eigenthum kümmern, schliesslich nichts übrig „bliebe, als eine verlassene Wüste, eine unfruchtbare Steppe."

Man darf nicht übersehen, dass die Farben im Berichte der „Exploration" etwas stark aufgetragen sind, denn erstens producirt nicht Algerien allein die Halfa, sondern besitzt höchstens den sechsten Theil des Halfa-Gebietes, und zweitens kann man — wenn man will — in vorzüglichstem Maasse auf demselben Boden Wein cultiviren.

Uebrigens hat man in den letzten Zeiten schon angefangen über Fälschungen, schlechte Verpackung etc. zu klagen. Die Halfa muss frisch und grün, sowie sorgfältig verpackt, auf den Markt gebracht werden.

Das früher schon erwähnte Nobl's monthly vom 14. Jan. 1875 drückt sich darüber folgendermassen aus:

„Die Qualität der im letzten Jahre importirten Halfa „(espartero) war in manchen Fällen sehr verschieden; so haben „sich denn manchmal Streitfragen und Reclamationen ergeben, „hinsichtlich der Annahme der geschickten Waare. Man hat „öfters zum Schiedsrichter seine Zuflucht nehmen müssen, und „das Urtheil fiel jedes Mal zum Nachtheil der Absender aus. „Im Allgemeinen hat Spanien sich seinen Ruf durch Absenden „guter Waare und sorgfältiger Verpackung zu bewahren ge- „wusst. Die Provinz Algier kommt hierin Spanien am nächsten, „während die Provinz Oran vollkommen zurücksteht. Obschon „von vorzüglicher Qualität, sind die von dieser Provinz aus „versandten Halfapacken nicht genug Gegenstand sorgfältigster „Behandlung ; oft genug hat man in den Ballen, welche äusser- „lich das schönste Aussehen hatten, im innern abgestorbene

---

von Jahren, mehr als 100 m. hohe Sanddünen unmittelbar die Seen be- grenzen; verweht sind sie bis auf diese Stunde nicht.

„Pflanzen gefunden, noch dazu untermischt mit Wurzeln.
„Natürlich hat dies Misstrauen wach gerufen, und der gute Ruf
„der Händler und Absender hat sehr darunter gelitten. Eine
„starke Verminderung des Preises hat sich ergeben, und die
„Empfänger empfinden eine grösse Scheu Waaren zu empfangen,
„von welchen sie nicht vollkommen überzeugt sind, dass die-
„selben in jeder Beziehung alle Eigenschaften besitzen, welche
„sie haben müssen. Die Halfa von Tripolitanien ist ebenfalls
„öfteren Protesten ausgesetzt, während die von Sfax und Gabes
„(d. h. von Tunesien) allerdings in kleineren Quantitäten auf
„den Markt geworfen wurde, diese aber durch Vorzüglichkeit
„in jeder Beziehung sich auszeichnete."

Das Vorstehende genügt, um daraus zu entnehmen, welches
Gewicht man auf den Export dieser Pflanze in Frankreich und
Grossbritannien, so wie auch in den Vereinigten Staaten legt,
während man von deutscher Seite nicht dasselbe sagen kann.
Und doch wird wohl niemand behaupten, dass wir in Deutschland
Ueberfluss an Material haben, um Papier daraus fabriciren zu
können. Allein der Leipziger Papierhandel hat durchschnittlich
in den letzten Jahren einen Umsatz von ca. 10,000000 M. Es
ist daher zu beklagen, dass unsere deutsche Kaufmannswelt
diesem so wichtigen Erzeugniss, welches allerdings erst in den
letzten Jahrzehnten auf den Markt kommt, so wenig Aufmerksamkeit zugewandt hat.

Es ist gar nicht nöthig, deshalb nach Algerien zu gehen,
oder nach Spanien, wo deutsche Handelshäuser, um diese Waaren
zu gewinnen, einen schweren Stand haben würden, um in die
fest gewobenen, alten Beziehungen der Engländer als Concurrenten einzutreten. Aber ist nicht das ganze übrige Nordafrica jedem offen? Ich will gar nicht reden von Marokko,
wo namentlich südlich vom Cap Ger noch absolut unausge-
beutete weite Landstriche sich befinden, auf denen Halfa die
Hauptvegetation bildet. Das damit bedeckte Tunesien, Tripolitanien, Barca, und das östlich davon liegende libysche
Küstenplateau, bis vor den Thoren von Alexandrien sich er-

streckend, sind ganz und gar ohne rationelle Bewirthschaftung;
sowie die Eingeborenen die Halfa mit Stumpf und Stiel dem
Boden entnehmen, wird dieselbe an die Küste, in die Hafen-
örter transportirt, sortirt und dann in den Handel gebracht.
Hier wäre ein Feld für deutsche Unternehmung.

Direct ist Deutschland viel zu wenig beim africanischen
Handel betheiligt. Abgesehen von einigen weitsehenden Häusern
Hamburgs, welche ihre Factoreien an der Ost- und Westküste
von Africa besitzen, von einigen Firmen in Aegypten, und
Algerien, finden wir in Africa keine bedeutenden deutschen
Handlungshäuser, welche den Verkehr und Handel direct zwischen
diesem Continent und unserem Vaterland vermittelten. Und
doch ist Africa bestimmt, einst in Ergiebigkeit reicher Producte,
Indien abzulösen. In nicht allzu ferner Zeit!

Das Nächstliegende wird aber meistens verschmäht. Ein-
geborne tripolitanische Kaufleute — wir meinen europäischer
Abkunft — geben sich z. B. nicht damit ab, die Producte ihres
naheliegenden Landstrichs zu untersuchen und zu verwerthen,
sondern speculiren auf die allerdings kostbaren aber fern
liegenden Erzeugnisse des Sudan. Und dabei verschliessen
sie sich der Thatsache, dass der Handel seit Abschaffung der
Sclaventransporte eine ganz andere Gestaltung angenommen
hat, als ehedem.

Wenn die Franzosen klagen, dass der sudanische Handel
seine Richtung geändert, Algerien nicht mehr berühre — wenn
die Europäer in Tripolis klagen, dass Federn und Elfenbein
nicht mehr in so grossen Quantitäten nach Tripolitanien
kommen, wie ehedem, so hat das seinen Grund in der Auf-
hebung der Sclaverei. Sclaven, der einzig lohnende Artikel
aus Sudan, so lange der Verkehr mit Kamelcaravanen ver-
mittelt wird, kommen jetzt gar nicht mehr nach Algerien,
folglich alle anderen Waaren auch nicht. Und sie kommen
jetzt sogar nur in geringer Zahl nach Tripolitanien, folglich die
anderen Artikel auch; denn nur in Gemeinschaft mit
ersteren lohnt es sich, andere Gegenstände über so weite

Strecken nach dem Norden zu transportiren. Das ist die Hauptursache des heutigen Verfalls des nordafricanischen Handels.
Es lässt sich nicht leugnen, dass die Engländer, beziehent-
lich die Amerikaner der Union, die einzigen Völker sind,
welche bis jetzt auf den ersten Blick richtig die hierdurch
· veränderten Handelsverhältnisse im Norden von Africa erkannt
haben. So natürlich es jeder finden muss, dass der Verkehr
und Handel Nordafricas vornehmlich in den Händen der Süd-
staaten Europa's sich befände, so wenig ist dies in Wirklichkeit der Fall. Frankreich — von Spanien gar nicht zu reden,
welches ja nicht einmal seine eigene Halfa zu verwerthen im
Stande ist — wie auch Italien braucht nichts von dieser kostbaren Pflanze. Der Hauptconsum ist in Grossbritannien, wie
auch England die meisten Waaren nach Africa liefert.

Warum aber kommen die deutschen Kaufleute immer erst
auf das Arbeitsfeld, wenn das Beste vorweg genommen, und
andere sich festgesetzt haben? Die Thatsache wiegt allerdings
schwer, dass die über der ganzen Erde verbreiteten Colonien
Grossbritanniens einen ganz anderen, viel unternehmungs-
lustigeren Geist der kaufmännischen Welt in England ein-
gehaucht haben, aber es gibt doch noch in Nordafrica Gegenden
und Reichthümer genug, wo auch der deutsche Kaufmann ein
lohnendes Gebiet für seine Thätigkeit fände. Ihn darauf aufmerksam zu machen, das haben vorliegende Zeilen bezwecken
sollen.

Es ist um so nothwendiger, dass die Deutschen thätiger
sich bei neuen Unternehmungen commercieller Art anderer
Continente betheiligen, als gerade durch derartige Bestrebungen
und Vornahmen, der einheimischen Industrie neue Absatzfelder
erschlossen werden.

Und gerade von dem Zeitpunkt an, seitdem die Halfa
einen so wichtigen Handelsartikel bildet, ist in den Verhältnissen
Nordafrica's, d. h. der türkischen Besitzungen daselbst, ein
grosser Wechsel eingetreten. Während vordem Europäer, d. h.
Christen, keinen Grundbesitz erwerben konnten, steht dem jetzt

gar nichts im Wege. Würde es sich z. B. nicht lohnen an Ort und Stelle Halfa-Papierfabriken zu errichten? Vielleicht um so mehr, als beim Einheimsen dieser Pflanze, mindestens die Hälfte derselben sich als Brennmaterial, als Heizmittel verwerthen lässt, denn bei jedem Halfabüschel, den man im Freien antrifft, besteht wenigstens die Hälfte der Pflanze aus trocknen Halmen. Wenn übrigens durch vorstehende Zeilen auf die Bedeutung bloss Einer Pflanze, Eines Produkts Nordafrica's hingewiesen worden ist, so soll damit keineswegs gesagt sein, dass damit Alles erschöpft sei. Wie im Alterthum die Küstengestade Hauptplätze für Korn, Wein und andere Gegenstände gewesen sind, so steht dem auch jetzt nichts im Wege, diesen Ländern wieder zum selben Reichthum zu verhelfen. Es fehlt weiter nichts als Capital und Arbeitskräfte und gerade jetzt, wo diese Länder vom Drucke barbarischer und indolenter Völker befreit werden, ist der richtige Augenblick gekommen, thatkräftig einzugreifen. Jetzt heisst es aufpassen!

Warum können denn die Deutschen nicht selbst ihre Produkte den Eingeborenen bringen? Und man glaube ja nicht, dass die deutsche Industrie unbetheiligt beim Handel Africa's ist, eine Menge Erzeugnisse werden nur aus Deutschland genommen, aber durch Vermittlung der Engländer, Belgier und Franzosen eingeführt. Das sollte längst anders geworden sein. Wenn in früheren Zeiten der Kaufmann aus Deutschland eine gewisse berechtigte Scheu empfand, mit seinen Unternehmungen selbstthätig im Ausland aufzutreten, so muss er jetzt nicht zaudern. Die Zeiten sind vorüber, wo er schutzlos in der Fremde stand, wohin er auch seine Kräfte, sein Capital und seine Arbeitskraft trägt, so kann er sicher darauf bauen, dass seine reellen Unternehmungen jetzt durch den starken Schutz des deutschen Reiches feste Grundlage bekommen.

Die Sahara oder die grosse Wüste.

Nach den besten und neuesten geographischen Lehrbüchern
wird der Flächeninhalt der Sahara planimetrisch zu 114,600
deutschen Quadratmeilen *) angenommen, d. h. ein Raum dreimal so gross als das Mittelmeer, zehnmal so gross wie Deutschland **). Rechnen wir aber die Partien Landes ab, die noch
einen regelmässigen feuchten Niederschlag haben: ein breiter
Saum längs des atlantischen Oceans, dann im Süden Vorsprünge,
die sich in die Sahara hinein erstrecken und in der Regel mit
zur grossen Wüste gerechnet werden, aber kein Sahara-Gebiet
sind, so würde der Flächeninhalt wohl um ein Erkleckliches
geringer ausfallen.

Man muss vor allem erst feststellen, was unter Sahara zu
verstehen ist, und die beste Antwort ist die, wo jeder (wenigstens
der regelmässige) feuchte Niederschlag fehlt ***), desshalb ab-
soluter Mangel an Pflanzen ist, welche des Regens bedürfen,
und wo grosse, reissende Vierfüssler existiren. Eigentlich dürfen
wir desshalb Asben zur Sahara nicht rechnen; Barth sagt, dass
südlich vom 18° in der, von Baghsem, Dogem und den Höhen
von Auderes gebildeten Bergmasse, der mähnenlose Löwe und
andere Raubthiere vorkommen. Der südliche Theil von Air
würde also schon zum Sudan zu rechnen sein. Ebenso ist es
unentschieden, ob nicht vielleicht Borgu, wenigstens die süd-
lichere Region mit Sudan gleiche Pflanzen und Thiere hat.
Aber wenn wir auch alle diese wie Halbinseln in die Sahara
hineinreichenden fruchtbaren Ländergebiete abrechnen wollten,

---

*) Behms geogr. Jahrbuch 1866.
**) Klödens Geographie.
***) An andern Orten habe ich nachgewiesen, dass die beste Grenze
der ganzen Sahara durch ein kleines, aber sich oft sehr fühlbar machendes
Thier gezogen ist: den Floh. Wo dieser aufhört, auch bei den Reisenden
wie durch ein Wunder davon absteht sie zu begleiten, beginnt die Sahara,
d. h. die Gegend der absolut trockenen Luft.

welch ungeheurer Raum bleibt dennoch übrig für das Gebiet,
welches die Griechen ἡ ἔρημος, die Römer desertum nannten,
und welches wir Europäer mit den Arabern die Sahara nennen.
Dieser grosse, fast aller Vegetation bare Raum, zwischen
dem Mittelmeer und dem Süden einerseits, zwischen dem
atlantischen Ocean und dem rothen Meer andererseits gelegen,
oder in Zahlen ausgedrückt, zwischen dem 32¹/₂ und 16¹/₂°
nördlicher Breite und dem 1° und 50° östlicher Länge v. F. *)
ist nur ein Theil jenes grossen Wüstengürtels, der fast ununter-
brochen sich durch Asien nach Nordosten bis zum ca. 140°
östlicher Länge v. F. hin erstreckt, und erst im Osten der
Mongolei seinen Abschluss findet. Wir haben es hier nur mit
der grossen Wüste Africas, der Sahara, oder grossen Wüste
schlechtweg zu thun.

Die Kenntniss der Griechen über die Sahara war eine
sehr mangelhafte, da man überhaupt in den ältesten Zeiten
die Existenz von Ländern im Innern von Libyen läugnete.
Erst Herodot erfuhr von Etearchus, dem Hohenpriester des
Ammontempels, fünf nasomonische Jünglinge hätten die Wüste
durchzogen, und höchst wahrscheinlich sehen wir hier die
erste Karawane, welche, soweit es geschichtlich nachgewiesen
werden kann, den Sudan und dem Anscheine nach den Niger
erreichte. Die Karthager unterhielten höchst wahrscheinlich
mit den Aethiopiern einen lebhaften Handel, und zwar waren
die Garamanten die Vermittler.

Als die Römer ihre Herrschaft über die Nordküste von
Africa ausdehnten, dachten sie auch daran, sie soweit wie
möglich ins Innere vorzuschieben, und noch heute in der Nord-
Sahara befindliche Denksteine erinnern an ihre einstige Anwesenheit. Ob indess, wie Duveyrier mit Vivien de St. Martin
annimmt, die Römer gar in Air gewesen sind, und diess zu

---

*) Natürlich nur annähernd zu verstehen; so rechnet z. B. Cannabich
zwischen 18° und 31° nördl. Br. 1°—48° östl. Länge v. F., und kommt
zum Resultate von 80—100,000 Quadratmeilen für die Sahara.

identificiren wäre mit Agisimba regio, wage ich nicht zu behaupten. Wenn Duveyrier die Ausführbarkeit einer römischen Expedition von Garama aus unter Septimus Flaccus und Julius Maternus dadurch unterstützen will, Eingeborene haben ihn einer fahrbaren Strasse durch Tellizzarhen, Anaï und Tin-Telloust versichert, so ist das jedenfalls kein sicheres Zeugniss. Denn ein anderes Anaï als der nördlichste Ort der Oase Kauar existirt überhaupt nicht und wenn man in jenen Gegenden Abbildungen von Wagen, gezogen von Buckelochsen, findet, sagt das nicht mehr, als wenn man in Tafilet oder Tuat einen Dampfer (wie ich deren dort oft auf rohe Art gemalt fand, vielleicht von Mekkapilgern, um ihren daheim gebliebenen Landsleuten zu versinnlichen, wie ein „Feuerschiff" aussehe) abgemalt findet. Stützt mein gelehrter Freund sich aber auf Barth, der in Telizzarhen ähnliche Sculpturen, wie die von Anaï *), gesehen haben soll, so sagt der citirte Reisende wörtlich: „Dass diese Darstellung, (die Sculpturen von Telí-ssa hé, wie Barth schreibt) nicht von einem Römer herrühren, scheint mir klar", und dann etwas weiter: „aber diese Sculpturen haben durchaus nichts von römischem Charakter."

Freilich besassen die Römer nach den Peutinger'schen Tafeln eine weit nach dem Süden, bis nach dem heutigen Agades, sich hin erstreckende Karawanenstrasse. Ob das aber in der That ein für die Römer benutzbarer Weg war, ist bei der damaligen Abwesenheit des Kamels sehr fraglich. Höchst wahrscheinlich beschränkten sie sich darauf, bis zu den Sitzen des mit ihnen am meisten in Verkehr stehenden Wüstenvolks, der Garamanten, vorzudringen, diesen den eigentlichen Handel mit den schwarzen Aethiopiern überlassend.

Im übrigen will ich keineswegs Henry Duveyrier und seinem trefflichen Werke „Exploration du Sahara" zu nahe

---

*) Ich kann nur noch wiederholen, dass weder Mohammed Gatroni, noch Mulei Besserki, noch Hadj Mustafa el Rhati, lauter tüchtige Gewährsmänner, etwas von einem anderen Anaï ausser dem in Kauar (Bilma) wussten, und dort sind gar keine Sculpturen oder Zeichnungen.

treten, das Capitel „géographie ancienne" und alle übrigen sind das beste, was über die Sahara geschrieben wurde.

Dass die Sahara einst vom Meere bedeckt gewesen, ist wohl ganz zweifellos. Die zahlreichen Versteinerungen und Muscheln, letztere zum Theil noch von solchen, die heute in den angrenzenden Meeren lebendig anzutreffen sind, bestätigen es. Namentlich sind aber die colossalen Sandanhäufungen der Sahara der sicherste Beweis der ehemaligen Ueberfluthung dieses Raumes.

Man findet Sandanhäufung, Dünen dermassen viel verbreitet, dass man sich bis noch nicht vor langem die Sahara als ein einziges grosses Sandmeer vorzustellen pflegte. Davon ist man aber jetzt zurückgekommen.

Ueber die Entstehung der Dünen hat Vatonne und nach ihm Duveyrier, Desor und andere gesagt, dass der Sand nicht durch die Wirkung des Wetters und Windes hervorgebracht wäre, sondern an Ort und Stelle noch jetzt durch eine chemische Zersetzung der Felsen stattfände. Zur Unterstützung seiner Meinung führt Vatonne namentlich an, dass der Wind im Grossen und Ganzen wenig Veränderung in der Formation und äusseren Gestalt der Dünen hervorbringe, dass man oft auf hohen Plateaux einzelne Sandberge antreffe, und endlich dass die Sanddünen immer aus denselben Stoffen beständen wie die sie umgebenden oder sich unter ihnen befindenden Felsmassen.

Es liegt in dieser Theorie Vatonne's ein Widerspruch. Denn wenn Vatonne die Sandbildung durch das Meer nicht zugeben will, sondern nur der Atmosphäre diese Rolle zuschreibt, so muss jedenfalls der Wind als grösstes Agens gewirkt haben. Die eigenthümliche Formation der „Zeugen", welche man so häufig wie colossale Steinpilze in der Sahara antrifft, kann nur durch Wasserströmungen oder Luftströmungen entstanden sein. Eine chemische Zersetzung durch Licht, Electricität, Hitze und Kälte der Felspartien, ohne diese ganz hinwegläugnen zu wollen, hat aber in einem so kurzen Zeitraume, seitdem die Sahara besteht, unmöglich so ausgedehnte und voluminöse Sandanhäufungen schaffen können. Es ist diess namentlich unmöglich bei dem geringen Feuchtigkeitsgehalt in der saharischen Atmosphäre, die ewig trockene Luft spricht schon von selbst gegen eine bedeutend wirkende chemische Zersetzung. Henry Duveyrier spricht zwar von torrentiellen Strömen, welche er am Fusse des Tasili-Plateau's im Jahre 1861 erlebt hat; ich selbst habe in Fesan im März 1866 Regen fallen sehen, aber letzterer war jedenfalls eine Ausnahme. In Tafilet, Tuat, Rhadames, Audjila, Siuah und Fesan, sagten mir die Eingeborenen, dass es jährlich nicht bei ihnen regne, höchstens hätten sie alle 20 Jahre einmal einen kleinen Regen. Desshalb haben sie auch das Schmelzen ihrer Häuser, in vielen Ortschaften aus Salzklumpen errichtet, nicht zu fürchten. In Kauar, im eigentlichen Centrum der Sahara, regnet es aber nie. Dass H. Duveyrier am Fusse des Ahagar-Plateau's solche starke Regengüsse erleben konnte, ist erklärlich durch das hohe Plateau selbst, welches vielleicht noch höhere Berge besitzt. Weiss man, wie hoch der Uatellen ist? Das ganze Ahagar-Plateau scheint eher eine Insel in der Sahara zu sein, mit eigenem Klima.

Henry Duveyrier constatirt übrigens auch S. 118: „In Sâlah, am Fusse des Ahagar, hatte man, wie man mir sagte, eine Reihe von 20 Jahren gehabt ohne den mindesten Regen." Es findet z. B. so wenig Oxydation statt, dass man in der Sahara nie nöthig hat, Waffen oder Eisenzeug zu ölen, um es gegen Rost zu schützen; Leichname mumificiren in kurzer Zeit, Fleisch, wenn an die Luft gebracht, fault nie, sondern trocknet einfach aus.

Wenn Vatonne sich ferner darauf stützt, dass alle Dünen, einen Kern aus Felsen bestehend, in sich schlössen, so kann das bei einigen sein, bei den meisten ist es aber nicht der Fall. Und dann ist das auch gar kein Beweis, dass eben die Düne aus einem Felsen entstanden und der felsige Kern nur der Rest der noch nicht zersetzten felsigen Masse sei: der Sand häuft sich eben am liebsten nur an einem festen Gegenstand. Ebenso gilt der Grund, weil sich auf den höchsten Plateaux

3 *

oft Dünen finden, nichts: der Sand hat sich dort um einen Stein, Felsblock oder sonst einen Gegenstand gesammelt und vergrössert.

Es ist also anzunehmen, dass der Sand der Sahara ein Product des Meeres ist, und es ist das jedenfalls die natürlichste und ungekünstelste Erklärung. Das Meer zersetzt nicht nur in unserer Zeit noch fortwährend Felsmassen zu Sand, sondern entledigt sich desselben auch an vielen Orten, so an der Ostseeküste von Preussen, an der tripolitanischen Küste, an der atlantischen Küste von ganz Nordwestafrika u. s. w. Uebrigens gibt es auch genug Forscher der Sahara, die sich in diesem Sinn aussprechen. Am 7. September 1862 schreibt Moriz von Beurmann an Barth von Kuka aus, bei Beschreibung seiner Reise von Fesan über die Dünen: all diese Sandmassen sind durch Wasserfluthen hier aufgehäuft, nicht durch den Wind *).

Wenn wir auf diese Art zur Entstehung der Dünen in der Sahara durchs Meer gekommen sind **), so hängt andererseits die Form, die äussere Gestaltung derselben nur vom Wind ab. Im ganzen genommen repräsentiren sich die Dünen wie Wellen, als ob Wogen des Meeres plötzlich feste Form angenommen hätten, namentlich von der Vogelperspective aus betrachtet müssen die mit Sand bedeckten Gegenden so erscheinen. — Im allgemeinen streichen dieselben von Südost nach Nordwest, und die grosse Ausdehnung der Sandwüsten in der Sahara ist nur eine von West nach Ost oder umgekehrt; so weit wir bis jetzt die Sahara kennen, findet man keine vom Norden nach dem Süden.

Es gibt Dünen, die eine Höhe von 3—400 Fuss haben. In der Regel ist die eine Seite, zumeist die den herrschenden Winden entgegenstehende, äusserst steil, 35 bis 40°, manchmal aber, wenn der Wind von der anderen Seite kommt, und bei

---

*) Zeitschrift für Erdkunde.
**) Wenn Desor behauptet, dass die Dünen einen Kern von dichterem Sand besitzen, so erklärt sich das einfach aus dem Gesetz der Schwere, je tiefer, desto fester liegt der Sand aufeinander, ebenso wie bei den noch jetzt aus dem Meer ausgeworfenen Dünen.

sehr compactem Sande, hängt sogar der höchste Rand, oder
besser gesagt, der Kamm des Dünenzuges gegen den Wind zu
über, gerade als ob eine Welle im Begriff stünde, sich zu über-
stürzen, und die Steilheit der Wand bleibt dann. Diese der
herrschenden Windseite zugekehrte Seite ist manchmal so steil,
35°, dass, um Kamele hinüber zu treiben, man vorher Stufen
auswühlen muss. Die entgegengesetzte Seite fällt flach und
leicht gekräuselt ab. Im grossen allgemeinen bewahren die
Dünen ihren Standpunkt, namentlich ist eine Verschiebung von
Nord nach Süd wohl nicht zu constatiren. Nur so kann man
sich erklären, dass die tief ausgetretenen Karawanenwege, z. B.
der von Ain-Ssala nach Rhadames, welcher unmittelbar südlich
von hohen Dünen läuft, nicht unter Sand zu liegen kommt, oder
dass die Seen der Oase des Jupiter Ammon, gleich nördlich
von hohen Sanddünen gelegen, nicht von Sand verschüttet sind.
Aber ein langsames Fortrücken von Osten nach Westen *) lässt
sich constatiren. So wird der Sebcha von Ain-Ssala nach und
nach vom Sande verschüttet werden, und ein Theil der Palm-
gärten ist factisch schon unter Sand. Wie an der Ostseeküste
ganze Dörfer vom Sande der Dünen verschlungen sind, so auch
in Africa Leptis magna, wo seit neuester Zeit der Boden sich
senkt, und ein Theil der Stadt schon vom Mittelmeer überfluthet ist; dieses wird zu gleicher Zeit von Sandauswürfen
des Meeres überschüttet, und nach einem gewissen Zeitraum
ganz vom Meere verschlungen sein. In meinem Tagebuche vom
Jahre 1864 finde ich p. 105 über Igli am Ued Ssaura die
Notiz: „Dieser Ksor ist augenblicklich von etwa 1500 Seelen
bewohnt, früher war er stärker bevölkert, doch die Unzulänglich-
keit der Nahrung, da der Sand täglich mehr die Umgegend des
Ksor überschwemmt, hat eine grosse Partie der Einwohner zur
Auswanderung gezwungen" **).

---

*) Nach Duveyrier von NO. nach SW.
**) Henry Duveyrier schreibt das Verlassen der Oerter el Menzeha
im Südwesten von Ourgla und Es-Schoud im Westen von Rhadames der
Invasion des Sandes zu.

Wenn wir indess so die bedeutenden Verheerungen constatiren können, die der Wind nach und nach auf die Sandmassen auszuüben im Stande ist, so sind die Wirkungen auch
des heftigsten Sandsturmes keineswegs im Stande Menschen
oder Thiere so zu verschütten, dass sie daran sterben könnten.
Menschen und Thiere, wenn sie reichlich mit Wasser und
Nahrung versehen sind, werden immer Kraft genug haben, den
Staub und Sand von sich abzuschütteln. Gegen das Hineindringen
des Staubes und Sandes in Augen und Nasen kann man sich durch
Einwickelungen schützen (auch das auf den Boden werfen ist
Fabel, natürlich legt man sich, sobald es orkanartig stürmt,
weil das Gehen ohnediess unmöglich ist, und eine Karawane
im Sandsturm auseinander gerathen würde) oder dadurch, dass
man Kleidungsstücke um den Kopf und vors Gesicht bindet.
Findet man so häufig in der Sahara einzelne Gerippe von
Menschen und Thieren, ja Haufen von Gerippen, die ganzen
Karawanen angehörten, so ist der Grund des Todes nur Er-
schöpfung und Wassermangel gewesen.

Es ist hier der Ort, der Fabel zu gedenken: die vom
Kambyses von Theben gegen die Oase des Ammon geschickte
Armee sei vom Sande verschüttet. Sieben Tage sei das Heer
von Theben aus durch die unbewohnte Wüste gezogen, und sodann seien sie am achten beim Frühstück von einem heftigen
Südwind mit Sandwirbeln überfallen und verschüttet worden.
Ritter scheint noch daran geglaubt zu haben, er berichtet auch
von der Verschüttung einer 2000 Mann starken Karawane im
Jahre 1805. Desor behauptete ebenfalls, die Armee des Kambyses ging durch Sandverwehung zu Grunde. Und doch kann
nur Erschöpfung, Hunger und Durst, verursacht vielleicht dadurch, dass die Armee sich verirrte, oder absichtlich vom Wege
abgeleitet wurde, der Grund des Unterganges gewesen sein.

Wenn, wie Belzoni will, in vielen Haufen von Knochen
die Reste der Kambyses'schen Armee zu erblicken wäre, so
wäre das ein directer Beweis für Nichttödtung durch Sandverwehung, denn wie könnte man sonst die Knochen sehen. Schon

Minutoli sagt S. 202: „Das Heer des Kambyses und die Karawane von 2000 Mann, welche im Jahr 1805, verschüttet sein soll, erlagen vielleicht dem Chamsin *) oder dem Durste, und erst die Leichname wurden mit Sand bedeckt, wie dies in unserem sandigen Norden in viel kürzerer Zeit geschehen dürfte. Ich habe bei wiederholtem Bivouakiren im Sande während heftiger Stürme nie mehr als einen unbedeutenden Sandanflug bemerkt!"

Dem kann ich noch hinzufügen, dass während der heftigsten orkanartigen Sandstürme, die tagelang anhielten, ich mit meiner Karawane nie Gefahr lief, zugeweht zu werden.

Im westlichen Theile der Sahara scheinen die Sandanhäufungen bedeutender zu sein als im östlichen, was eben daher kommt, weil die aus Osten kommenden oder mit Ostwind combinirten Winde in der Sahara überwiegen. Die ungemein flache und sanft ablaufende Westküste der Sahara nach dem atlantischen Ocean zu kann man sich dann auch ganz gut durch die hinzugewehten ungeheuren Quantitäten von Staub erklären, ja es ist nicht unwahrscheinlich, dass Africa an diesen Stellen, abgesehen von dem stets vor sich gehenden Senken oder Heben des Bodens, im Laufe der Jahrtausende durch die Sandablagerungen bedeutende Terrainvergrösserungen erhalten hätte.

Je nach der Mischung der einzelnen Körner hat der Sand der Dünen eine mehr dunkle, meist rothe oder helle weissliche Farbe. So zeigen sämmtliche Dünen nordwärts von der Karawanenstrasse zwischen Tuat und Rhadames ein röthliches Aussehen. Diese rothe Färbung ist kleinen Partikeln von Eisenoxyd zuzuschreiben, wie Vatonne in seinen Analysen von Sand nachgewiesen hat. Gold hat Vatonne bei seinen Untersuchungen nirgends finden können.

Je nach der Sprache der Völker haben die Sandanhäufungen in der Sahara verschiedene Benennung. Im Westen nennt man die Dünen Igidi, Gidi, Idjidi, im Centrum Erg, Areg, im Osten

---

*) Heisser, trockener Südwind.

Rmel, Remmel oder Remla. Je nach der Form hat man den
Ausdruck Gurd, d. h. hohen Sandberg, Kelb, d. h. Hund (wie
ein Hund geformt), Kübsch Schaf (d. h. wie ein Schaf) oder
chaschem el kelb, chaschem-el-kebsch, Hundsnase, Schafsnase
(d. h. so geformt), sif d. h. Schwert oder Kamm, Gräte einer
Düne, Semla eine langgezogene Düne; eben das bedeutet auch
das Wort Cheit, eigentlich Faden.

*   *   *

Wie im allgemeinen die Sahara sich durch dunkle Färbung
aller Gegenstände auszeichnet, durch äussere Einflüsse hervorgerufen, so zeigen auch die Gebirgsmassen, die Felsen durchweg ein schwärzliches Colorit. Es würde aber irrig sein, desshalb immer gleich auf vulcanischen Ursprung der Gesteinsmasse
zu schliessen. So weit uns bis jetzt die Theile der Sahara
bekannt sind, ist die vulcanische Natur der Gebirge allerdings
bedeutend überwiegend, daneben findet man aber fast überall
Kalk und auch Sandsteinformation. Granitische Bildung erscheint erst südlich vom 17° nördl. Br. an, wie denn überhaupt
nordwärts von dieser Linie nur auf den höchsten Theilen des
grossen Atlas der Granit sich ans Tageslicht gearbeitet hat.

Wenn die Gebirge der Sahara auch bedeutend (so weit
uns bis jetzt bekannt) niedriger sind als die von Europa, so
sind sie an Ausdehnung keineswegs unbedeutender, z. B. das
Harudj-Gebirge dürfte dieselbe Länge wie die Italien durch-
ziehenden Apenninen *) haben. Die Ahagar-Gebirge, eng verbunden mit den Adrar, Tasili und Muydir-Höhen sind an räum-
licher Ausdehnung den Alpen Europa's gleich.

Als höchster bis jetzt bekannter Punkt der Sahara steht
Tusside im Gebirge des Landes Tu (Tibesti) da. Nachtigal,
während er selbst die Passhöhe, wo er den Hauptgebirgszweig
überschritt, zu 6600 Fuss gemessen hat, schätzt die Höhe des
Tusside noch mindestens um 1000 Fuss höher.

---

*) Namentlich wenn das sogenannte Soda-Gebirge, welches eine Ver-
längerung des Harudj nach dem Westen ist, hinzugerechnet wird.

Nichts ist schauerlicher und grauenvoller als ein Gebirge in der Sahara. Die vollkommene Nacktheit der Bergwände ohne alle Vegetation, das schwarze düstere Aussehen der Gesteinsmasse, die sonderbare Form und eigenthümliche Gestaltung der Felsen, zum Theil hervorgerufen dadurch, dass man es meist mit vollkommen nackten, aller Erde entbehrenden Gebirgen zu thun hat, ein solches Sahara-Gebirge mahnt den Reisenden vielmehr daran, dass er in der grossen Wüste sich befindet, als es die ausgedehntesten Sanddünen thun könnten.

Abgesehen von den vielen Versteinerungen, Eindrücken und Schaalen von Seethieren, die auch im südlichen Theile der Sahara vorkommen, findet man dort zwei sehr eigenthümliche steinige Gebilde. Es sind das Steinnüsse, zoll- bis faustgross, die von schwärzlicher Farbe, inwendig hohl oder mit weissem Sande gefüllt sind. Von glasigem Klange, zeigen diese Kugeln nirgends eine Oeffnung. Sodann eigenthümliche glasige Röhren von grau bläulicher Färbung. Diese Röhren, die manchmal bis zu einem Fuss lang gefunden werden, haben meist den Durchmesser eines halben Zolles, man findet aber auch dickere. Die Wandung selbst ist äusserlich rauh und inwendig vollkommen glatt, an beiden Enden, oder doch an einem Ende ist ein krauser Rand nach aussen gebogen, ähnlich dem Capitäl einer corinthischen Säule. Es sind das Blitzröhren.

Der gebräuchlichste Name für Gebirge (und Berg zugleich) ist Djebel (arabisch), Adrar (berberisch) und Emi (teda). Sodann sind die Ausdrücke Ras, einzelner hervorragender Berg, auch Vorgebirge, Kuddia, Chor und Gor*), einzelner Hügel, Fedj, Tenia, Tehe, Gara, Zeuge, Kaf, Felsen, Erküb, Okba, Mnsel Seitenwendung des Gebirges, Chareb Gräte oder der Kamm eines Gebirges, Chang oder Cheng Engpass, überall zu finden.

Den bedeutendsten Raum in der Sahara nehmen die mehr oder weniger ganz flachen Hochebenen ein. Sind diese mit scharfkantigen Steinen übersähet, so heissen sie Hammada oder

---

*) Gor oder Chor ist ein ebenfalls im Keltischen für Berg gebräuchliches Wort,

Tanesruft, sind sie mit kleinen Kieselchen bedeckt, so haben
sie den Namen Sserir. Hammada und Sserir sind immer vollkommen vegetationslos. Es könnte fast scheinen, als ob eine
Hammada nicht unter Meer gewesen sei, wegen der scharfkantigen Steine, indess findet man auf vielen Hammada so zahlreiche Versteinerungen, dass man wohl nicht daran zweifeln
kann. Die meisten Hammada und Sserir bestehen, was die Beschaffenheit des Bodens anbetrifft, aus Thon, der manchmal
fast zu Stein erhärtet ist; meist ist die Farbe des Thonbodens
durch starke Beimischung an Eisenoxyd eine rothe, daher so
häufig das Beiwort hamer, hamra roth. Die Ebenen, welche
am Saume der Sahara sich befinden und schon Spuren von
Vegetation zeigen, nennt man Sahel.

Entgegengesetzt den Hochebenen sind die Tiefebenen,
Einsenkungen oder Depressionen. Man bezeichnet sie im allgemeinen mit Hofra oder Djof. Eine wirkliche, d. h. tiefer als
der Ocean gelegene Depression, ist bis jetzt in der Gegend
südlich vom sogenannten libyschen Wüstenplateau nachgewiesen.
Die Gegend des Schott el Mrhir ist ebenfalls eine Einsenkung,
die sich vielleicht einst mittelst des Schott Rharnis und Schott
el kebir bis zur kleinen Syrte fortsetzte. Höchst wahrscheinlich
bestehen auch noch andere Einsenkungen in der Sahara, namentlich dürfte die auf den Karten im Westen der Sahara als „el
Dschuf‟ bezeichnete Region, vielleicht eine tiefer als der Ocean
gelegene Gegend sein. Viele aber von den Wüstenbewohnern
mit „Hofra‟ bezeichnete Gegenden sind keine Depression in
unserem Sinne, sondern nur relative Einsenkungen, tiefer
gelegen als das sie umgebende Land.

Diese Einsenkungen können dadurch entstanden sein, dass
der Erdboden bei der allgemeinen Hebung an dieser Stelle
weniger oder gar nicht Theil nahm. Denn bei dem ungeheuer
grossen Raum, den die Sahara einnimmt, geht natürlich nicht
Hebung und Senkung gleichmässig vor sich. Wir haben davon
heute noch den Beweis durch die ungleichmässige Hebung und
Senkung der Küste von Nordafrica. Die abessinische Küste

und nordwärts beide Ufer des rothen Meeres sind im Steigen begriffen *), inclusive der Sueskuste. Hingegen senkt sich der nordafricanische Boden bis Tunis. Der See Mensaleh war einst Land, die Cleopatra-Bäder sind wieder unter Wasser, alle Ruinen der Cyrenaica, die am Meere gelegen sind, rücken immer mehr in dasselbe hinein. Leptis magna ist zum Theil unter Wasser, zum Theil' von vom Meere ausgeworfenen Dünen verschlungen. Tripolis selbst, welches früher längs des Meeres noch einen breiten und gehbaren Strand hatte, wird jetzt unmittelbar von den Wogen bespült, so dass seit circa 30 Jahren der Boden dort sicher um einen Fuss sich gesenkt hat **). Sabratha hat einen Theil seiner Ruinen im Wasser. Dieses Senken scheint sich bis zum Golf von Gabes zu erstrecken, da an der tunesischen Küste schon wieder Hebungen beobachtet wurden. Wenn wir so an dem äusseren Saume Nordafricas gleichzeitig eine verschiedene Erdoberflächen-Bewegung nachweisen können, sind wir auch berechtigt, solche im Innern annehmen zu dürfen.

Nach Desor ist die Ued-Rhir-Depression eine Auswaschung; wie dieselbe entstanden, wagt er vor der Hand nicht zu erklären. Wenn wir indess sehen, wie der Rhein den Bodensee, die Rhone den Leman-See, und verschiedene andere Flüsse Seen haben auswaschen und durchfliessen können, so ist die Annahme wohl erlaubt, dass der Ued-Rhir und der Schott-mel-Rhir einst Durchgangsseen des Irharhar gewesen ist. Durch Duveyriers Untersuchungen und durch Buderba's Reisen ist es vollkommen festgestellt, dass der Irharhar in den Ued-Rhir einmündet. Bei anderen topographischen und klimatischen Verhältnissen hat vielleicht früher der Irharhar bedeutende und immer fliessende Wasser geschwemmt, und die Rhir-Erosion wäre gewissermassen der „Bodensee" dieses Flusses gewesen. Alle Einsenkungen zeigen

*) Peschel, neue Probleme der vergleichenden Erdkunde und Dr. Klunzinger, Zeitschrift der Gesellschaft für Erdkunde. Berlin, 7. Band, Heft I, 1872.

**) Vom Hafen nach dem Casbah-Thore gegangen zu sein, erinnert sich die in Tripolis lebende Generation; jetzt ist das nicht mehr möglich.

entweder Sand oder Thonboden, und oft sind sie die wahren
Heime des Dünensandes.

Es wäre vielleicht natürlicher, nachdem wir die Areg
Djebel-, Hammada-, Sserir- und Djof-Formationen der Sahara
beschrieben haben, daran die Uadi-, Irharhar- und Sebcha-
Läufe und Becken zu knüpfen; indess darf man das Bindeglied
beider, die Oase, nicht unerwähnt lassen. Denn die Oase kann
nur da sein, wo die Bodenbeschaffenheit im Verein mit dem
Wasser dieses ermöglicht.

Aber auch überall da, wo Wasser ist, und wäre dieses
selbst brakischer Natur, sehen wir, dass Grün hervorsprosst,
dass Pflanzen gedeihen: es bilden sich Oasen. Barth schon
betont es, dass selbst der anscheinend unfruchtbarste Sand bei
Benässung sogleich ein reiches Pflanzenleben erzeugt.

Die Entstehungs- und Existenzbedingung einer Oase ist
verschieden, so dass man danach auch verschiedene Arten von
Oasen hat. Zuerst kann man nämlich unterscheiden zwischen
Oasen, die oberflächlich fliessende, natürliche, oder unterirdisch
fliessende, natürliche Bewässerung erhalten. Dahin gehören
z. B. die Oase des Ued Draa, deren ganze Vegetation durch
den oberflächlich fliessenden Draa bewässert wird, das o b e r e
Tafilet, das aus dem Sis seine Oasenbildung bekommt. Zu
den zweiten Oasen, die durch unterirdisch fliessendes Wasser
erzeugt werden, gehören z. B. Tafilet, d. h. nur das eigentliche
Tafilet südlich von Ertib, der grösste Theil der nördlichen Oasen-
gruppe von Tuat, und viele andere kleinere, südlich vom Atlas.

Sodann hat man Oasen,¹ die gebildet werden durch stark
aus der Erde hervorsprudelnde Quellen, z. B. Rhadames und
die Jupiter-Ammon's-Oase. Oder solche, die entstehen, weil
eine unterirdische nicht fliessende Wassermenge existirt, von
der Erdoberfläche nur durch 1 bis 2 Fuss Sand oder Humus
entfernt, z. B. die Oase Kauar, viele Oasen von Fesan. Endlich
solche, wo die Wasserschicht so tief ist (12′—30′ tief), dass
man es künstlich an die Oberfläche befördern muss, viele Oasen
von Fesan, von Suf und andere. Endlich solche, wo das Wasser

so entfernt von dem Sand oder Humusterrain ist, dass es nur durch künstliche Leitung aus der Umgegend hergeleitet und dann erst Veranlassung zur Oasenbildung gibt, so in Tidikelt und einigen anderen Oasen südlich vom Atlas.

Die zuerst erwähnten Oasen mit an der Oberfläche rieselndem Wasser finden sich nur an den Ab- und Ausgängen grosser Gebirge, namentlich südlich vom grossen Atlas. Es ist natürlich, dass mit der Länge des Laufes das Wasser immer spärlicher wird. Die Berieselung der unzähligen Felder, die enorme Verdunstung, die das Wasser in der trockenen Sahara erleidet, sind die Hauptursache daran. Nur nach ausserordentlichem Regen, verbunden mit Schneeschmelzen, ist Frühjahrs der Draa im Stande, den Ocean zu erreichen; andere Flüsse aber bilden um die Zeit von ihrem Ueberflusse Sebcha, Sümpfe und Seen. Oasen mit oberflächlich rieselndem Wasser sind die glücklichsten von allen. Das reichliche Wasser nöthigt die Bewohner nicht auf ängstliche Zeiteintheilung bei Bewässerung der Culturen zu sehen, und das oberflächlich rieselnde Wasser erniedrigt zugleich die Temperatur, theilt der Luft im Thale Feuchtigkeit mit, so dass auch Fruchtbäume der Mittelzone in diesen Oasen gedeihen. Da der Boden in diesen Flussoasen nicht gleichmässig sich abdacht, so haben als erste und einzige grössere Arbeit die Bewohner nur für grössere Canäle zu sorgen, die, von der Quellgegend herausgehend, auf ihr entsprechendes Unterland sich verästeln.

Die durch unterirdisch fliessendes Wasser entstandenen Oasen sind, was Vegetation anbetrifft, nicht so günstig wie die eben beschriebenen, denn wenn auch in den grösseren Thälern das ganze Jahr hindurch der Grund feucht bleibt, so ist die Hauptfeuchtigkeit doch nur im Frühjahr bemerkbar, nur dann findet Bestellung der Felder mittelst der Hacke statt. Den Einwohnern dieser Oasen ist dafür die Canalarbeit erspart.

Glückliche Oasen kann man auch solche nennen, deren Bewässerung durch aus der Erde sprudelnde Quellen geschieht. Jedoch haben auch hier die Bewohner in der Regel einen Kampf

mit dem Boden zu bestehen. Abgesehen davon, dass zuerst
das zu bewässernde Terrain durch Fortnahme des Erdreiches
tiefer gemacht werden muss, erleidet der Boden selbst durch
Düngung und durch vom Winde hineingetriebenen Sand immer-
fort eine Aufhäufung, die stets wieder entfernt werden muss.
Zudem hat in den meisten dieser Oasen die Bevölkerung derart
zugenommen, dass das aus einer einzigen Quelle oder wenn
auch aus mehreren entspringende Wasser kaum hinreichend
ist. Es hat das erfordert, dass man in solchen Oasen auf eine
genaue Zeiteintheilung bei der Vertheilung des Wassers hält.

Sehr bequem für die Bewohner sind solche Oasen, die eine
dicht an die Oberfläche des Erdbodens tretende Wasserschicht
besitzen, aber sie produciren nur Palmen, wollen die Bewohner
Getreide und Gemüse bauen, müssen sie, mögen die Brunnen
auch noch so wenig tief sein, dennoch das Wasser aus den
Wasserlöchern auf die Oberfläche des Erdreiches selbst befördern.
Die meiste Arbeit ist den Bewohnern aufgebürdet, wo
das Wasser so tief ist, dass die Wurzeln der Palmen die Wasserschicht nicht mehr erreichen. Die Art und Weise, das Wasser
aus diesen tiefen Brunnen herauf zu befördern, die Anlegung
der Brunnen selbst ist eine verschiedene. Es gibt Brunnen
(von den Franzosen in der algerischen Wüste angelegt), die
eine Tiefe von 500 Fuss haben. Aber glücklicherweise für die
Bewohner der respectiven Oasen sind solche Brunnen sprudelnde;
diese artesischen Brunnen erzeugen und bewässern sodann die
Oasen wie die durch die Natur herausgetriebenen Quellen.
Die Art, das Wasser aus 20—50′ tiefen gegrabenen Brunnen
an die Oberfläche zu fördern, geschieht entweder einfach durch
Eimer aus Leder oder Holz, welche von Menschen handtiert
werden, oder auf complicirtere Art.

Letztere Brunnen beruhen entweder auf dem Nuera- oder
Noria-System, oder auf dem Ziehsystem. Erstere bestehen aus
Rädern, einem horizontalen, welches durch Zähne in ein ver-
ticales greift, um das ein endloses Tau läuft, woran Töpfe
befestigt sind. Diese Töpfe gehen bis auf die Fläche des

Wassers, und vollgeschöpft bringen sie es an die Oberfläche. Gedreht werden diese Räder durch alle in der Wüste vorkommenden Thiere, entweder durch Kamele, oder durch Esel, Rinder, Pferde und Maulthiere. Wie die Nuera-Brunnen eine arabische Erfindung der Mohammedaner in Spanien sind, so sind auch die Schläuche mit doppelter Mündung eine Erfindung der Araber. Um diese bei Brunnen anzuwenden, müssen sie einen geneigten Aufgang haben, d. h. der Rand des Brunnens muss künstlich erhöht werden, oder vom Brunnen aus eine Vertiefung abwärts gegraben werden, von der Menschen und Thiere ablaufen können. Der Schlauch selbst hat eine grosse Oeffnung, um das Wasser aufzunehmen, eine kleine, um es ausfliessen zu lassen. Beim Heraufziehen des vollen Schlauches hängen beide Oeffnungen gleich hoch, es kann also nichts ausfliessen, hat aber der Schlauch den Rand des Brunnens erreicht, so bleibt die grosse Oeffnung stehen, die kleine senkt sich und das Wasser fliesst heraus. Diese Schläuche, die je nach ihrer Grösse von Menschen und Thieren heraufgezogen werden, halten bis zu 200 Liter Wasser. Leute, welche angewiesen sind, auf solche Art ihre Oasen zu bewässern, haben das ganze Jahr keine Ruhe, kein mühseligeres Leben kann man sich denken, als Tag und Nacht zu arbeiten, um das Wasser künstlich an die Oberfläche zu befördern, damit der mühsam bearbeitete Boden für die Pflanzen damit getränkt werde. Am eigenthümlichsten ist das Bewässerungssystem der Fogara, wie es in Tuat gebräuchlich ist. Es hat jedenfalls viel Nachdenken dazu gehört, um auf diese Art Oasen künstlich zu schaffen. Die Fogara sind nämlich unterirdische Canäle, oft viele tausende Schritte lang. Da wo die Eingeborenen Wasser vermutheten und fanden, wegen des steinigen und unergiebigen Terrains dasselbe aber nicht verwerthen konnten, überdiess das Wasser zu spärlich war, um es ohne künstliche Vereinigung zu gebrauchen — da haben die Eingeborenen jenes Fogarasystem oder, wie Henry Duveyrier es nennt, „Gallerie-Brunnen" erdacht. Und da man die Erfahrung gemacht hatte, dass bei offenen, schwachen

Rinnen das Wasser zu sehr durch Verdunstung verlor, so sind
alle diese Gallerien oder Canäle unterirdisch angelegt.

Das Ganze kann man sich denken wie einen Baum, alle
Canäle convergiren nach einem Hauptcanal zu, der alles Wasser
sammelt und dahin befördert, wo Oasen gebildet werden sollen.
Die unterirdischen Canäle sind circa zwei Fuss im Durchmesser
haltende ziemlich runde Gänge, von Zeit zu Zeit befindet
sich nach oben eine Oeffnung, durch welche die ehemaligen
Werkleute ihre mühevolle unterirdische Arbeit begonnen und
ausgeführt haben. Diese Oeffnungen sind jedoch mit grossen
Steinen verlegt, damit auch aus ihnen keine Verdampfung
erfolgen kann. Einmal vollendet, leistet eine starke Fogara
eben denselben Dienst wie ein kleiner Bach.

     Je nach ihrer Beschaffenheit haben die Brunnen einen
verschiedenen Namen. Der Name Ain (arabisch) oder Tit
(berberisch) galle (teda) bedeutet überhaupt Quelle. Bir ein
tiefer Brunnen, Hassi ein künstlicher, Ssenia ein Brunnen, aus
dem man mit Schläuchen, die doppelte Mündungen haben,
Wasser heraufholt, Fogara unterirdischer Canal, Seggia ober-
irdischer Canal; ausserdem existiren aber noch verschiedene
Ausdrücke für Brunnen und Canäle, namentlich die Ver-
kleinerungen.

Das Wort Oase ist in der Sahara nicht bekannt. Nach
Ritter kam dieses Wort von den Aegyptern den Griechen zu.
Im Zusammenhang damit steht das im Osten der Sahara für
Oase gebräuchliche Wort „Uah", welches im Koptischen Woh-
nung bedeutet. Grössere Oasen wie Tafilet, Fesan etc. werden
in der Sahara mit „Bled" Land, benannt, kleinere nennt man
Rhabba, Wald, Rhout, kleiner Wald; oft hat das Wort Ued,
Uadi auch die Bedeutung von Oase.

In der ganzen Sahara gibt es kein einziges Flussbett
welches beständig Wasser fortschwemmte. — Beansprucht man
den Draa noch für die Sahara, so weiss man, dass derselbe
nur ausnahmsweise sein Wasser zum Ocean sendet, in der
Regel fliesst es nur bis zu dem Punkte, wo er seinen Lauf von

der südlichen Richtung in eine westliche umändert, aber unterirdisch fliesst er das ganze Jahr. Das Flussthal, welches zur Entstehung der Oase Tuat Veranlassung gibt, und im Norden aus einem zahlreichen Astsystem entsteht, hat nur an ganz einzelnen Stellen oberflächlich Wasser. Der Mia und der Irharhar, Flüsse mit sehr breiten Betten, haben fast nie oberirdisch fliessendes Wasser. Aber welche colossale Wassermenge musste dazu gehört haben, um Flussbette zu bilden und auszuschwemmen, wie wir sie jetzt in der Wüste finden. Der Irharhar z. B. hat eine Breite, die an manchen Stellen mehrere Stunden beträgt. Und wie tief und vom Wasser ausgewaschen sind die Ufer dieser Flüsse. Wir sind also wohl zur Annahme berechtigt, dass einst bei anderen topographischen Verhältnissen andere klimatische in der Sahara waren, und die zahlreichen Versteinerungen ganzer Wälder sagen deutlich genug, dass vormals bei anderen Bedingungen mehr Vegetation in der Sahara war, folglich auch reichlicher Regen fiel; daher die vielen und oft erstaunlich langen, breiten und tiefen Flussbetten.

Etwas haben die Flüsse der Sahara gemein: einen langen Verlauf, ein umschriebenes Astsystem und den Stamm ohne Nebenflüsse. Auch den Nil könnte man in dieser Beziehung für die Sahara reclamiren. Es ist das auch eine nothwendige Folge. Die Ströme und Flüsse der Sahara müssen so construirt sein. Aus solchen Gegenden entspringend, wo starker, regelmässiger feuchter Niederschlag ist, auf dem Atlas, vom Ahagar-Gebirge, oder, rechnen wir den Nil auch zu den Wüstenflüssen, aus dem feuchten Centralafrika, durchzieht oder durchzog der Fluss sodann Gegenden, welche alles Regens ermangeln, die ihm also auch keine Nebenflüsse mehr beisteuern können. Man benennt ein Flussbett mit Ued oder Uadi, das Wort Irharhar bedeutet nichts weiter wie Fluss; nach Duveyrier bedeutet Agheser auf Targisch Fluss, Flussbett, im Teda bedeutet Hendere Flussbett, Foti der Fluss.

Sind in der Sahara zahlreiche Flussbetten, so setzt es nicht minder in Erstaunen, wie reich dieselbe an Seebecken,

ja auch an Seen ist. Am häufigsten finden wir diese da, wo
Depressionen sich befinden, aber auch an anderen hoch gelegenen
Oertlichkeiten, z. B. in Fesan. Wie stark muss aber der unter-
irdische Zustrom von Wasser sein, um in der Sahara einem See
das Wasser zu erhalten, bei der ungeheueren Verdunstung, die
Tag für Tag stattfindet.

Verdunsten diese Seen, so findet Sebcha-Bildung statt,
das heisst, es bildet sich eine harte Oberfläche mit schlammiger,
sumpfiger Unterlage. Es gibt Seen, die so salzhaltig sind, wie
z. B. der von Bilma, dass statt einer salzerdigen Kruste sich
eine reine Salzkruste bildet; ähnliche Vorgänge kann man an
anderen Orten der Sahara beobachten. Es ist eigenthümlich,
dass nach der Verdunstung des Wassers, die Sebcha-Oberfläche
immer in sehr regelmässige, meist sechseckige Polygone zerklüftet. Ist aber das Terrain des Bodens sehr salzhaltig, so
entstehen trockene Wellen oder Schollen. Der Sebcha von
Tamentit machte auf mich den Eindruck eines plötzlich erstarrten
Meeres, dessen Oberfläche gekräuselt gewesen. Man könnte
zur Vermuthung kommen, dass die Kräuselung des Bodens
wirklich Folge von Wasserwellen sei, bei der Unregelmässigkeit
der über- und durcheinander geworfenen Schollen ist aber daran
nicht zu denken. Wie und wodurch diese Schollen diese
eigenthümliche, oft senkrecht aufgerichtete Stellung, ähnlich
einer Stromeisdecke beim Eisgang, annehmen, ist mir nur so
erklärlich, wenn ich denke, dass das Trocknen der Oberfläche
ungleich vor sich geht, die Feuchtigkeit im Innern ungleich
vertheilt ist, und so eine Verschiebung stattfindet.

Sebcha mit gekräuselter Oberfläche sind indess weit seltener als die mit polygonaler Zerklüftung. Es gibt Sebcha von
grosser Ausdehnung, auf Inseln darin ragen manchmal Oasen
daraus hervor. Sebcha-Bildung kommt ebenfalls im Norden
von der Sahara auf den Atlashochebenen vor, man nennt sie
dort Schott.

Man nennt in der Sahara grössere Becken mit Wasser
Behar, auf targisch Adjelman, Tümpel Rhadir, auf targisch

Abankor, Salz-Sümpfe Sebcha, auf targisch Gurara, endlich Süsswasser-Sümpfe, die indess äusserst selten vorkommen, Daja; Süsswasserseen hat man bis jetzt in der Sahara nicht entdeckt. In der Teda-Sprache sind mir die Ausdrücke für See und Sebcha nicht bekannt.

* * *

Ganz verschieden von sämmtlichen Klimaten der Welt zeigt sich das der Sahara. Natürlich! denn das Klima ist nicht nur bedingt von der Breite der Zone der Erde, sondern von der localen Bodenbeschaffenheit.

Vor allem muss hervorgehoben werden die ausserordentliche Trockenheit der Luft, nicht etwa Folge des sterilen Bodens der Sahara, sondern der herrschenden Winde. Wir haben schon angeführt, dass im allgemeinen die Nordwinde und die mit diesen verbundenen die herrschenden sind, die Anordnung der Dünen bezeichnet das am deutlichsten. Diese Nordwinde nun sind keine Wolken bringende Seewinde, sondern der Feuchtigkeit beraubte. Wehen aber ausnahmsweise Westwinde, die vom atlantischen Ocean Wolken herbeibringen, so ist in den meisten Fällen die strahlende und aufsteigende Hitze der Art, dass die Wolken zerstreut werden, ehe es zur Regenbildung kommt.

Die in der Sahara vorherrschende nördliche Luftströmung ist es denn auch, welche durch eine südliche verdrängt, Nordafrica und das Mittelmeer erreicht, an die Alpen schlägt und nach Escher unsere Gletscherbildung in den Alpen so reducirt hat, wie wir sie heute finden. Dass diese Winde, die man je nach der Oertlichkeit Gebli oder Chamsin nennt, in der That aus der Sahara stammen, dafür liegen hinlängliche Beweise vor. Wenn man in Malta im gewöhnlichen Leben den südlichen Sirocco einen feuchten Wind nennt, so ist das einfach falsch. Ich habe in Malta mehreremale Sirocco erlebt und mein Hygrometer zeigte trotz der nebelhaften Luft einen aussergewöhnlich tiefen Standpunkt, d. h. trockene Luft. Dieses

4 *

nebelhafte Aussehen ist eben keine Feuchtigkeit, sondern wird
verursacht durch unendlich kleine Staubtheilchen in der Atmosphäre. Ich habe seiner Zeit Herrn Rosenbusch, Superintendent
der Telegraphen im Mittelmeere und wohnhaft in Malta, auf
den Stand des Hygrometers in Malta während des Sirocco aufmerksam gemacht. Ein gleiches Resultat zeigen die Psychrometer.
Würde man sichere Vergleichungen haben zwischen Europa
und Africa an Tagen, wo rother Staubfall beobachtet worden ist,
so würde man wohl immer zu dem Resultate kommen, dass wenn
in unserm Erdtheile ein heisser Wind mit oder ohne Staub
weht, dieser in der Sahara seinen Ursprung hat, und zum Theil
namentlich in der nördlichen Sahara schon vorher wehte. Der von
Ehrenberg beschriebene Scirocco-Staub vom 23—24. März 1869
wurde von mir bei heftigstem SSO. Wind in Gai Gab beobachtet.
Der Wind drehte sich dann durch S. nach SSW., war Nachmittags am 24. März W., und Nachmittags am 25. März NW.
Wenn der Staub am 24. März bei den Dardanellen aus Nordost
niederfallen konnte, so kann man das bei dem hoch aufge-
wirbelten Staube aus der Drehung des Windes erklären.

Gerade die meist röthliche Färbung des Staubes lässt die
Herkunft aus Africa, dem rothen Lande par excellence, am wahr-
scheinlichsten erscheinen. Am 10. März, als in Subiaco und
Isola di Sora bei Neapel rother Staubfall war, beobachtete ich
zu der Zeit in Tolmetto (Cyrenaïca) bei orkanartigem Winde
Sandsturm aus SO.

Selbst die rothe Färbung des Schnees oder das Fallen
rothen Staubes, welches man in der Nordzone beobachtet hatte,
dürfte durch Luftströmung dahin getragen aus der Sahara
stammen. Wie weit die kleinsten anorganischen und organischen
Partikeln durch Luftströmungen überhaupt getragen werden
können, beweist wohl der im Juli 1869 beobachtete Höhenrauch
in Neapel. Jedenfalls stammte dieser Höhenrauch oder richtiger
Moorrauch aus Norddeutschland, wie sich derselbe nach Prestel
1857, vom 10—19. Mai, auch bis Krakau und nach Russland
hin ausdehnte.

Der wegen der Hitze hoch in die Atmosphäre getriebene Ost- und Südostwind der Sahara, kommt also in der Regel als Südwind, als Föhn, an unsere Alpen, vermöge des Dehnungsgesetzes; mit vollem Rechte möchten wir daher die schönen Worte Desors: „Die Sahara ist der grosse Regulator unseres Klima's" unterschreiben. Die Nähe der Sahara kann man ebenfalls nicht als Einwand gelten lassen, denn nicht in der nördlichen Sahara, sondern erst zwischen den c. 18° und 25° nördl. Br. steigen hauptsächlich die heissen, leitbaren Lüfte nach oben. Und wenn man annimmt, dass die Abweichung, die Drehung der Winde je nach der Geschwindigkeit eine grössere oder geringere sein muss, so finde ich nichts auffälliges darin, dass ein Sandsturm, der ursprünglich aus Ost oder Südost, z. B. über Wadjanga, sich erhob, später über Fesan aus Süd, über Tripolis Südwest, über dem Mittelmeer Nordwest, über dem türkischen Reiche aus Nord oder Nordost wehen kann, ohne deshalb bei der Leichtigkeit der Staubtheilchen, bei der ungeheuren Geschwindigkeit schon allen Staub verloren zu haben. Wenn Kuhn *) sogar, und vielleicht mit Recht, die Wirkung der heissen Sahara-Luft bis auf die arktische Gegend sich erstrecken lässt, um wie vielmehr ist man dann berechtigt, mit Escher, Desor, Martin und anderen anzunehmen, dass der Gebli oder Chamsin in der Sahara, der Föhn in der Schweiz ist.

Ein Gebli zeigt sich meistens schon einige Stunden vorher dadurch an, dass die Sonne gluthroth gefärbt erscheint, namentlich ist dies der Fall, wenn die Sonne Morgens noch tief am Himmel ist. Es ist entsetzlich, wenn sodann die schreckliche Wolke sich naht, und wie beim tief umwölktesten Himmel tritt Finsterniss ein. Nichts widersteht, aufgeschlagene Zelte, wenn auch durch eiserne Pflöcke an dem Boden gehalten, zerreissen, handgrosse Steine rollen über den Sand, und dieser selbst, wenn

---

*) Ueber die Ursachen des eisfreien Meeres, etc. von Freiherrn von Kuhn, „Ausland", 1871, Nr. 21.

er auf die blosse Haut getrieben wird, erregt ein schmerzhaftes
Gefühl.   Instinctartig drehen sich gleich die Menschen und
Thiere von der Windseite ab, die Kamele machen ohne Com-
mando Halt und knien nieder, die Pferde suchen ängstlich
Schutz bei den Menschen, und es bleibt nichts anderes übrig,
als mit Geduld das Ende dieses rasenden Orkanes abzuwarten.
In der Regel dauern diese Stürme, welche wenigstens eine
Geschwindigkeit von 30 Meter in der Secunde haben, einige
Stunden, höchstens einen halben Tag; nur ausnahmsweise beobachtet man Orkane, die mit gleicher Heftigkeit mehrere Tage
anhalten.   Den stärksten und längsten Sturm erlebte ich östlich von Audjila, derselbe dauerte 4 Tage und Nächte vom
17.—20. April *) im Jahre 1869.   Der Wind blies mit entsetz-
licher Geschwindigkeit und die ganze Windrose wurde mehrmals
durchlaufen, bis an den letzten beiden Tagen die Richtung
vorwiegend aus Nordwest war; in meinem meteorologischen
Tagebuche steht notirt: „Alles ein Staubmeer." Der Staub war
so durchdringend, dass doppelt verschlossene Kisten damit erfüllt
waren, und alle meine Uhren unbrauchbar gemacht wurden.
Sollte dieser Sturm in Europa nicht beobachtet sein, so bin ich
geneigt anzunehmen, dass derselbe ein localer grossartiger Wirbel-
wind gewesen ist.

Nirgends vielleicht in der Welt hat man Gelegenheit, so
viele Wirbelstürme wahrzunehmen, weil alle sichtbar sind, durch
den mehr oder weniger mitgeführten Staub; kleinere Windhosen
kann man täglich beobachten, sie sehen aus wie eine umge-
stürzte Rheinweinflasche und zeigen die um sich selbst drehende
Bewegung, dann eine andere nach der Richtung des Windes;
grössere Windhosen erreichen eine Höhe von mehreren hundert
Fuss, kleinere sind 20—50 Fuss hoch, erstere jagen oft mit
rasender Geschwindigkeit vorüber.

Höchst eigenthümlich sind die elektrischen Erscheinungen,
die jedesmal im Gefolge der Südost- und Südwinde sich zeigen.

---

*) Es wäre interessant zu erfahren, ob man an diesen Tagen nicht
auch in Europa Staubfall beobachtet hat.

Schon Lyon machte darauf aufmerksam, sodann beobachtete Duveyrier dieselben Erscheinungen. Die Luft ist nämlich derart mit Elektricität geladen, dass man aus wollenen oder seidenen Kleidungsstücken knisternde Funken schütten kann, die Nachts sichtbar sind. Von den drei Beobachtungen Duveyrier's sind zwei nach einem heftigen und schrecklichen Winde notirt, die dritte ohne Wind. Bei letzterer Beobachtung war wahrscheinlich in der Nähe oder am Tage vorher Sturm gewesen, wie denn auch aus seinen meteorologischen Tabellen der Tag vorher mit Westwind 3 notirt ist.

Und wie Duveyrier constatirte, dass Abends sein Pferd durch Schlagen mit dem Schweife elektrische Funken umherstreute, so habe ich häufig nach einem starken Gebli einem weissen Hunde durch Streicheln Abends knisternde Funken entlocken können. Diese elektrischen Aeusserungen sind den Völkern der Sahara bekannt, sie behaupten, nach jedem heftigen Winde könne man diese Erscheinung beobachten.

Gewitter sind in der eigentlichen Sahara äusserst selten, desto häufiger beobachtet man an den südlichen Gränzen der Wüste Wetterleuchten. Bei vollkommener Windstille hat die Luft eine ungemeine Transparenz, so dass man entfernte Gegenstände leichter und deutlicher wahrnehmen kann; aber äusserst selten sind diese vollkommen ruhigen Tage, daher es denn auch nicht häufig ist, dass man einen ganz klaren Himmel sieht; sondern dieser erscheint mehr oder weniger schmutzig blau oder verschleiert. Auffallend häufig beobachtet man Mondhöfe, manchmal zur Zeit des Mondes jede Nacht. Feuchtere Lüfte haben sich dann von Norden oder Westen in den leeren Raum, den die aufgestiegenen heissen Lüfte erzeugten, ergossen; aber nie sind die Lüfte derart mit Feuchtigkeit geschwängert, dass sie als Regen oder Thau niederschlügen. In der Centralsahara regnet es fast nie.

Sobald die Sonne einige Stunden geschienen hat, erzeugen sich die Fatamorgana-Erscheinungen. Es scheint, dass diese Luftspiegelungen an gewisse Oertlichkeiten stets gebunden sind. Man beobachtet sie indess nicht nur auf Ebenen, wie Duveyrier annimmt, sondern auch im durchschnittenen Terrain. Die aufgeregte Phantasie mancher Reisenden erzählt von Schlössern, lachenden Gärten, Blumen, Rossen und Reitern. Dergleichen habe ich nie wahrnehmen können. Wie bei uns in heissen Tagen die Luft in zitternde Bewegung geräth, so ist das in der Sahara in noch verstärktem Mass der Fall. Dieses Zittern, Wellenschlagen der Luft im Vereine mit der Strahlenbrechung erzeugt jene Bilder, die im höchsten Grade sich ausnehmen, als ob man einen See sehe.

Wenn die barometrischen Schwankungen in der Sahara gering sind, so sind die thermometrischen desto grösser. Im Winter sowohl wie im Sommer ist ein Fallen und Steigen von 20° das Gewöhnliche. Im Winter kann das Thermometer in Fesan z. B. auf − 3° fallen, erreicht dann aber noch am selben Tag im Schatten Nachmittags + 20°. − 3° bis − 5° dürfte überhaupt die grösste Kälte sein, die in der Sahara beobachtet wird. Dahingegen giebt es Oertlichkeiten, wo in der heissen Jahreszeit das Thermometer Nachmittags im Schatten regelmässig auf mehr als 50° C. steigt (in Kauar), und selbst des Nachts die Temperatur so wenig abkühlt, dass Morgens vor Sonnenaufgang, wo doch die Atmosphäre am kältesten ist, das Thermometer noch über 20° C. zeigt. Eine Durchschnitts-Temperatur für die ganze Sahara lässt sich jetzt noch nicht geben, selbst von einzelnen Oertlichkeiten hat man dieselbe noch nicht bestimmen können.

Im allgemeinen kann man sagen, dass das Klima der Sahara, obschon an einigen Theilen die grösste Hitze herrscht, die man überhaupt auf der Erde beobachtet hat, ein sehr gesundes ist. Die oft absolute Trockenheit der Luft (mein Hygrometer von Secretan in Paris zeigte oft, namentlich bei heissen Sandstürmen, nur 3° relative Feuchtigkeit) scheint keineswegs einen nachtheiligen Einfluss auf die Gesundheit auszuüben. Namentlich scheint die trockene Luft eine wohlthätige Wirkung auf die Lungen auszuüben, und ist ein sehr wirksames Mittel bei selbst vorgeschrittener Tuberculose.

Aber einst wird die Sahara verschwinden, das Verbreiten
der Pflanzen vom Süden nach dem Norden ist im Zunehmen
begriffen, der Boden wird dadurch nach und nach in Humus
umgeschaffen werden, sich mit Wäldern bedecken, und die regelmässigen feuchten Niederschläge von Centralafrica werden
weiter nach Norden zu rücken. Gehen auch noch tausende
von Jahren darüber hin, einst wird die grosse Wüste keine
Wüste, sondern Culturland sein. Der Mensch selbst, wenn die
Nothwendigkeit eintritt, wird mithelfen, und „dann wird die
Sahara das sein (Worte Desors), was sie nie gewesen, eine
Grassteppe, eine mit Savanen bedeckte Ebene, oder ein Culturland; unsere Alpen werden zu ihrem eigentlichen Klima gelangen,
welches ein verhältnissmässig kälteres als das gegenwärtige und
milderes als das frühere zur Eiszeit wäre."

Der Samum in der Sahara.

Wie von einem Mantel umhüllt, bleifarbig, geht die Sonne
auf. Das Auge wird nicht angestrengt, auch ohne gefärbte Gläser
in die sonst so blendende Himmelsscheibe zu sehen. Dieser
Sonnenaufgang — die ganze Luft ist noch ruhig, — verkündigt
oft das baldige Herannahen des Samum. Die eigenthümliche
Färbung des Horizonts beim Aufgang der Sonne rührt aber wohl
aus den obersten Luftregionen her, in denen Staub enthalten
ist von weit her stattgehabtem Samum, ähnlich wie man das
Wetterleuchten aus weitester Ferne beobachten kann, ohne dass
in der Nähe Blitze und Donner wahrnehmbar sind. Das sind
die Vorboten eines Samum; wenn ein solcher Sonnenaufgang
stattfindet, kann man meist mit Gewissheit auf einen herein-

brechenden Sturm rechnen. Aber nicht immer. Oft ist es auch
die Folge eines manchmal Hunderte von Km. weit entfernten
vorhergegangenen Samum. Der vielleicht meilenhoch emporge-
wirbelte feine Staub braucht längere Zeit, um, der natürlichen
Schwere folgend, wieder den Boden zu erreichen. So wie der
Sonnenaufgang gestaltet sich auch der Sonnenuntergang.
Aber der Samum kann auch ohne solche Vorboten herein-
brechen. Man sieht plötzlich Wolken sich thürmen, — mitten
in der Wüste Haufenwolken! — aber nicht von Feuchtigkeit
sind sie geschwängert, nicht enthalten sie das segenspendende
Nass, sondern Staub. In allen Farben schillern sie, blau, röthlich,
gelb; sie thürmen sich, sie wälzen sich übereinander, oft durch-
zuckt auch ein Blitz die Massen und bestärkt den Nichtkundigen
noch mehr in dem Glauben, er habe es mit wasserschwangeren
Gewitterwolken zu thun. Aber jetzt sind sie da. Pfeifend,
heulend, Alles vor sich her treibend tosen sie heran. Die ganze
Luft ist verdunkelt, die Sonne ist dem Blicke völlig entrückt.
Ganze Sandwellen werden fortgewälzt, die Sanddünen scheinen
auf ihren Spitzen und Kanten zu rauchen. Man kann schliesslich
die Augen nicht offen halten, und muss sich dem Schicksal ergeben. Längst haben auch die Kamele kehrt gemacht, um nicht
die Sand- und Staubmassen ins Gesicht zu bekommen, ohne Com-
mando knieen sie nieder und fügen sich in ihre Lage. Findet
der Samum im Sommer statt, so steigert sich die Temperatur
bis auf 40, ja bis auf 50°. Von genauen meteorologischen Beobachtungen kann jetzt natürlich keine Rede sein; denn Alles ist
Finsterniss und ein undurchdringlicher Staub. Der Mensch
selbst, um seine Haut vor den wirklich schmerzhaften Einflüssen
zu behüten, welche die mit Vehemenz geschleuderten groben
Sandkörner und kleinen Kieselchen hervorbringen, umhüllt sich
den Kopf und alle exponirten Körpertheile. Auch ihm bleibt
nichts zu thun übrig als zu warten, als sich in sein Schicksal
mit Geduld zu finden.
Die meisten Samumstürme sind widerstandslose Orkane, da
bleibt kein Zelt stehen, da werden Bäume entwurzelt, schlanke

biegsame Palmen gebrochen, Dächer abgehoben, ja es kommt vor, dass Menschen und Thiere weit fortgeschleudert werden. Die gefährlichsten Samum sind die aus Südost kommenden, aber auch die aus den andern Himmelsgegenden heranstürmenden können alle eben aufgeführten Erscheinungen zeigen. Die südöstlichen sind die heissesten; treten sie im Sommer ein, überraschen sie eine Caravane, die noch fern vom Brunnen ist, dann ist sie meist verloren. Die Schläuche trocknen aus, die Mitglieder der Caravane müssen verdursten.

Wie Jahre vergehen können, welche wenig stürmisch sind, so giebt es andererseits Jahre, die sich durch grosse Häufigkeit heftiger Luftströmungen auszeichnen. So war der Winter 1878—79 nebst dem Frühjahr bis April 1879 reich gesegnet mit kräftigen, widerstandslosen Orkanen. In dieser Zeit haben wir über ein Dutzend der stärksten Samum aushalten müssen und meistens auf offenem Felde. Der in Djalo am 12. April 1879 wüthende Samum knickte mehr als 200 Palmen. Eine von Uadaï kommende Caravane wurde nur dadurch gerettet, dass sie sich bloss noch zwei Tagemärsche vom Brunnen Battifal befand, als sie vom Samum überfallen wurde. Sonst wäre die ganze Caravane zu Grunde gegangen, da das Wasser in den Schläuchen verdunstete.

Oft noch einen ganzen Tag lang ist nach einem Samum die Luft mit Staub erfüllt, namentlich wenn nicht, was aber meistens der Fall ist, eine dem gewesenen Sand-Orkan entgegengesetzte Luftströmung eintritt. Die ganze Natur, welche unter dem heftigen Sturm sich beugen musste, athmet nun wieder auf, nur die Spuren, welche er zurückgelassen hat: glattgeschliffene Felsen, umgewehte Bäume, geknickte Pflanzen, todte Vögel, zeugen noch von seinen Verderben bringenden Einflüssen.

Auch die Menschen leiden natürlich während des Samum, doch es ist irrig, ihm direct vergiftende Einflüsse, wie man es früher zu thun pflegte, zuschreiben zu wollen. Augenkrankheiten werden bei den Eingebornen häufig als Folge eines Samum anzusehen sein. Es liegt das aber lediglich in dem Umstand,

dass sie vernachlässigen, die Augen mit Wasser nach Beendigung
des Sturmes auszuwaschen. Durch das Eindringen und Ein-
athmen des feinen Staubes ist ebenfalls eine Lungenafficirung
nicht ausgeschlossen. An andern Orten habe ich schon die eigen-
thümlichen Elektricitätserscheinungen, welche mit einem Orkan
in der Sahara verknüpft sind, hervorgehoben, doch scheinen
dieselben nur unter gewissen Bedingungen,˗ verbunden mit gewissen Oertlichkeiten, beobachtet zu werden. Während wir sie
z. B. in der Nähe von der Djebel ssoda im höchsten Masse
wahrnahmen, kamen sie weit östlich davon und innerhalb der
Oasen Djalo und Audjila nicht zum Ausdruck. Es scheint
also, als ob die Gesteinsmassen selbst, namentlich die stark
mit Eisen durchsetzten Schichten der Djebel ssoda im Verein
mit dem Samum nothwendig seien, die elektrischen Aeusserungen
hervorzubringen.

Sehr häufig beobachtet man in der nördlichsten Sahara
während eines Samum, vielleicht in Folge desselben, einige Tropfen
Regen, ja einen kurzen Platzregen. Diese feuchten Niederschläge
kommen in den meisten Fällen aus entgegengesetzter Richtung
und sind nie anhaltend. Ueberhaupt pflegt ein Samum, wenn
er längere Zeit anhält, nie aus derselben Richtung zu kommen,
sondern durchläuft oft die ganze Windrose, ja es kommen Fälle
vor, wo während eines Sturmes mehrere Male eine solche Drehung beobachtet wurde.

Das Wort Samum selbst ist den Eingebornen Nordafrica's
unbekannt. Es kommt von Ssim (Gift) her, und man sollte
daher eigentlich richtiger Ssimum sagen. Die Eingebornen be-
nennen diese Winde nach der Himmelsgegend, von welcher sie
kommen, und da sie aus dem Süden (richtiger Südosten) am
verderbenbringendsten sind: Gebli, d. h. Südwind. Eine besondere
Bezeichnung, welche den Steigerungsgrad des Windes — wir
verbinden mit dem Worte Samum sofort den Begriff eines Orkans
— durch Wort ausdrückte, haben die Wüstenbewohner nicht;
höchstens sagen sie ein „heftiger starker" Gebli.

Eine Stadt in der Wüste Sahara.

Fast überall da, wo ein mächtiges Felsplateau mittelst steiler Wände auf eine Ebene drückt, finden wir selbst in der Sahara Quellen, welche dann zu Oasenbildung Veranlassung geben. Denn es gibt in der Sahara nur zweierlei Oasen, solche, welche entstehen längst der von den Gebirgen kommenden Flüsse oder oberhalb des von dem Flusswasser unterirdisch durchsickerten Erdbodens, oder solche Oasen, die da sich bilden, wo Druck eines Gebirges oder eines Plateau in der Nähe Quellen oder Sümpfe (Sebcha, Salzsumpf) erzeugt. Zu der ersten Sorte von Oasen gehören Draa, Tafilet und andere, zu den letztern Kauar, Siuah und die uns hier beschäftigende Rhadamesoase, ein Kind der Quelle gleichen Namens.

Dieselbe ist in gerader Linie vom Mittelmeere (Sabratha) 10 Tagemärsche entfernt; von Tripolis, von welcher Stadt aus Rhadames am meisten besucht wird, rechnet man 12 Tagemärsche. Am Eingange der grossen Wüste gelegen, befindet sich nach Duveyrier der Ort auf dem 30° 7′ 48″ nördl. Br. und 6° 43′ 15″ östl. L. v. P. Etwas höher als 1000 Fuss über dem Meere, sind die umliegenden Hochebenen keineswegs bedeutend höher, aber ihre Ausgedehntheit und kalkige Natur erklärt hinlänglich das Hervorsprudeln einer Quelle, von der man sich am besten einen Begriff machen kann, wenn man sich die Sprudelquelle vom Nîmes vergegenwärtigen kann.

Es ist unzweifelhaft, dass in der Nähe dieser Quelle, welche naturgemäss eine dichte Palmenvegetation veranlasste, schon in grauen Zeiten Besiedelungen waren. Die heute zum Theil noch aufrecht stehenden Ruinen, von den Eingeborenen Esnamen, d. h. die Götzenbilder benannt, bezeugen es. Diese Ruinen bestanden aus Thürmen, welche zum Theil noch erhalten sind. Viereckig oder auch kreisrund angelegt, sind sie aus rohem, jedoch bearbeiteten Material errichtet. Alle haben zur ebenen

Erde eine meist noch erhaltene, oben spitz *) zulaufende, ge-
wölbte Kammer, eine zweite solche Kammer befindet sich auf
einigen Thürmen oberhalb der ersten, von aussen führen steinerne
Treppen hinauf. Alles deutet darauf hin, dass diese Bauten
lange, bevor die Römer nach Rhadames kamen, errichtet wurden;
wer aber die Gründer gewesen sind, können wir nur vermuthen,
nämlich Garamanten. Denn obschon hier nicht die eigentliche
Heimath der Garamanten war, rechneten die Römer, als sie
Cydamus eroberten, den Ort als zum Gebiete der Garamanten
gehörig. Und diese Thürme, aus rohem, aber festem Material
erbaut, vielleicht durch Mauern untereinander verbunden, hatten
wohl den doppelten Zweck, einerseits den Garamanten eine
Zufluchtsstätte und Schatzkammer zu sein, andererseits zur
Vertheidigung der Quelle zu dienen.

Es sind die Römer, welche uns zuerst Nachricht von
Rhadames gegeben haben. Aber aus ihren Berichten erfahren
wir nicht viel mehr, als dass Consul Lucius Cornelius Balbo
19 Jahre vor Chr. die Stadt eroberte. Ob dieselbe lange dem
Römischen Reiche verblieben, ob sie später christlich gewesen,
darüber fehlen die Nachrichten. Alle Berichte der alten und
mittelalterlichen Geographen über Rhadames sind äusserst mangel-
haft und unzuverlässlich. Leo, der unter dem Namen Gademes
einen grossen bewohnten Landstrich aufführt, spricht von „vielen
Schlössern und volkreichen Dörfern". Dapper, der Gademes
oder Gademez schreibt, sagt sogar: „Es begreift 16 bemauerte
Städte und 92 Dörfer." Es ist wohl kaum nöthig zu sagen,
dass der örtlichen Beschaffenheit wegen, derartige Städte,
Schlösser und Dörfer gar nicht existirt haben können.

Henri Duveyrier gelang es während seines Aufenthalts in
Rhadames eine römische Inschrift zu entdecken, welche nach
Mr. Cherbonneau aus der Regierungszeit des Alexander Severus
(221—235) herrührt. Diese sehr wichtige Inschrift liefert den
Beweis, dass zur Zeit der Römerherrschaft Cydamus zur Provincia

---

*) Der Gedanke an Gothik liegt natürlich fern.

Numidia gerechnet wurde. Es ist dies aber keineswegs der allein sichtbare Beweis der Römerherrschaft. Die beiden Hauptmoscheen der Stadt zeigen in ihrem Innern Säulen, die sämmtlich aus römischen Händen hervorgangen sind. Nicht nur trifft man glatte runde, sondern auch cannelirte Monolithen, nicht nur einfache dorische, sondern sogar korinthische Capitäle. Deutliche Zeugen, dass wohl ehemals grössere öffentliche Bauten in Cydamus waren.

Die Quelle von Rhadames, welche erste Veranlassung zur Oase und Stadt gewesen ist, interessirt uns zunächst. Sie ist in einem länglich viereckigen Becken zusammengehalten, welches 25 Meter lang und 15 Meter breit ist; man sieht in diesem Bassin an mehreren Stellen deutlich das Wasser aus dem Grunde aufquellen; die grossen massiven Quadern dieses Beckens deuten ebenfalls auf römische Baumeister, welche begriffen, wie wichtig es sei, das Wasser vor der Vertheilung über die Felder anzusammeln. Von den Bewohnern Rhadames wird im Arabischen die Quelle schlechtweg l'Ain genannt; in ihrer eigenen Sprache sagen sie Tit, und in der Temahaasprache, d. h. im targinischen Idiom der Berbersprache, hat die rhadamser Quelle den Namen Arscheschuf, d. h. Krokodilquelle. Aus fünf Rinnen ablaufend, drei grössern und zwei kleinern, reicht das Wasser der Quelle und das einiger Brunnen nur aus, eine Oberfläche von circa 75 Hektaren zu bewässern, obschon der eingemauerte mit zur Oase gehörende Raum wohl doppelt so gross ist. Mircher giebt den Umfang der Oase auf 6000 Meter, den Durchmesser abwechselnd auf 1200 und 1600 Meter an. Es scheint daraushervorzugehen, entweder dass einst die Quelle bedeutend mächtiger gewesen ist, oder aber, dass die jetzt innerhalb der Ringmauern uncultivirt liegenden Gärten aufgegeben sind, da man den Kampf gegen die Natur nicht mehr hat fortsetzen wollen oder können. Beides kann der Fall gewesen sein. Sehr häufig wird es gerade in der Sahara bemerkt, dass Quellen mit wechselnder Stärke Wasser spenden, und so konnte möglicherweise vor Jahren die Quelle hinreichend stark gewesen sein, alle die

Landtheile zu befruchten, die jetzt todt liegen. Andererseits sieht man aber auch viele ehemalige Gärten mit Sand überschüttet, und auch dies kann die Ursache gewesen sein, dass der Mensch die Cultur aufgegeben hat. In all' den Oasen, welche nicht durch Flüsse gebildet werden, hat der Mensch einen beständigen Kampf zu bestehen. So auch in Rhadames. Um überhaupt eine Berieselung des Bodens mit dem Quellwasser zu ermöglichen, mussten überall die Gärten vertieft, und noch heute muss der beständig einwehende Sand immer wieder daraus entfernt werden.

In der Mitte der Quelle, bei einer Lufttemperatur von + 33° C., fand ich Abends 10 Uhr im Juni die Temperatur des Wassers ebenfalls + 33° C., Nachmittags bei Luftwärme von + 40° constatirte ich, gleichfalls in der Mitte der Quelle, + 35°. Vatonne und Duveyrier fanden im Winter bloss + 29°. *) Ich möchte diesen Unterschied indess keineswegs allein auf den Winter schieben, sondern dem Umstande beimessen, dass es mir gelang, die Wärme des Wassers mitten im Bassin selbst zu messen, während ebengenannte Herren ihre Untersuchungen am Rande des Beckens anstellten. Vatonne meint daher, dass dieser Quell sowie das Wasser zweier in der Nähe sich befindenden Brunnen mit ähnlicher Temperatur aus einer unterirdischen Wasserschicht von circa 120 Meter Tiefe entspränge. Indem er indess seine Schlüsse aus der Wärme des Wassers ableitet, dürften dieselben, da die Wärme wohl bedeutender ist, nicht ganz genau sein. Andere Brunnen, welche bei einer Tiefe von 20 Meter eine Wasserschicht besitzen, haben eine Temperatur von nur + 19° C., und da sie bedeutend salzhaltiger sind, lässt sich aus diesen beiden Umständen mit Sicherheit annehmen, dass zwei verschiedene Wasserschichten vorhanden sind. Das

---

*) Beide beobachteten im Winter und haben die Lufttemperatur nicht angegeben; jedenfalls influenzirt die Lufttemperatur aber die Oberfläche des Wassers, wenn auch nur um einige Grade, obschon Vatonne sagt: La température de l'eau de la source dans le bassin de la réception est de 29°, quelle que soit la température de l'air extérieur.

viel reinere Wasser der Quelle und das der beiden nächsten
Brunnen ergab von einem Liter circa 2, Grammen Salz, während
das der übrigen Brunnen auf 1000 Grammen Wasser 9 Grammen
Salz enthalten. Bevor von den Bewohnern das über 30° warme
Wasser getrunken wird, muss es in steinernen Krügen oder
Schläuchen abgekühlt werden.

Die Vertheilung des Wassers ist sehr gewissenhaft durch
Wasseruhren geregelt und äusserst complicirt in der Ausführung,
da das Terrain so klein getheilt ist, wie nirgends anderswo:
die meisten Gärten haben keinen grösseren Umfang als 200
Quadratmeter, und sehr viele sind nur halb so gross oder noch
kleiner. Auf dem Marktplatze von Rhadames befindet sich ein
Clepsyder, von den Eingeborenen „Gaddus" genannt. Es ist dies
ein eiserner Topf, der auf dem Grunde ein kleines Loch hat. Mit
Wasser vollgefüllt, läuft er in circa drei Minuten Zeit leer. Ein
kleiner Knabe, der natürlich abgelöst wird, ist beständig dabei,
um die Operation zu überwachen, zu welchem Ende er in ein
Palmblatt einen Knoten schlägt, sobald ein Gaddus abgelaufen
ist. Sieben Gaddus werden eine Dermissa genannt. Wer also
eine Dermissa Wasser für seinen Garten bekommt, erhält eine
Rieselung, die ungefähr 20 Minuten anhält. Man kann damit
einen Garten unter Wasser setzen, der bis 60 Palmen enthält
und in 13 Tagen, welcher Zeitraum in dieser Beziehung von den
Rhadamsern eine Nuba genannt wird, kommen nach Duveyrier
im Ganzen 925 Dermissa zur Vertheilung. Die Berieselung aus
den beiden der Quelle naheliegenden Brunnen, aus denen Neger
das Wasser herausziehen, geht in ähnlicher Weise vor sich.
In früheren Jahren war die Vertheilung des Wassers stets Grund
zu oft blutigen Streitigkeiten. Jetzt ist alles Wasser, was zur
Berieselung dient, Staatseigenthum geworden, und die türkische
Regierung zieht einen jährlichen Nutzen von circa 50000 Frs.
daraus, da eine Dermissa mit 80 Real Sbili *) = 50 Frs. 20 c.
verkauft wird.

---

*) Nach Duveyrier, da die von Mircher angegebenen Ziffern, die Der-
missa zu 700 Frs., irrthümlich sein müssen.

Das Klima von Rhadames ist vollkommen das der Sahara, der Regen ist so selten, dass kaum alle zwanzig Jahre von einem ergiebigen feuchten Niederschlag die Rede sein kann. Die Durchschnittstemperatur beträgt + 23° C. Während aber in den Sommermonaten die Temperatur im Schatten auf + 50° C. steigt, fällt sie im Winter in einzelnen Fällen vor Sonnenaufgang auf — 5° C. herab. Die herrschenden Winde sind Nord im Winter, Südost und Süd im Sommer. Obgleich man das Klima nicht ungesund nennen kann, ist es dennoch für Europäer schwer erträglich. Augenkrankheiten, Syphilis, Fieber und Dysenterien sind die häufigsten dort vorkommenden Krankheiten. Im Jahre 1865 wäre ich selbst beinahe das Opfer einer sehr acuten Blutdysenterie in Rhadames geworden. Meist entstehen diese in der Zeit der Melonen, der einzigen Frucht, welche gut in Rhadames gedeiht.

Melonen und Pasteken erreichen einen Umfang, der kolossal ist, es giebt deren, die zwei Centner schwer werden, und von denen zwei eine Kamellast ausmachen. Was die Früchte anbetrifft, wie gelbe Pflaumen, Granaten, einige Reben, Pfirsiche, Aprikosen und Feigen, so kommen sie nur noch krüppelhaft fort und sind alle sehr saft- und geschmacklos, da die Hitze viel zu gross ist. Sie sowie auch die Gemüse, von denen ich hervorhebe Zwiebeln, Knoblauch, Bohnen, Rüben, Tomaten, Pfeffer, Bamien (Hibiscus esculentus), von den Rhadamsern Mlochia genannt, die ähnlich wie Gummi arabicum schmecken, Auberginen (Solanum melongena), von ihnen Bdindjel genannt, dann ein Unkraut Ssilk el belebscha — alle diese Gemüse gedeihen nur im Schatten der Palmen. An Getreide wird ebenfalls unterm Palmdach Weizen, Gerste und einige Hirsearten gebaut, aber damit lange nicht der Bedarf der Eingeborenen gedeckt. Leider sind die Dattelbäume in Rhadames weder ergiebig noch von solcher Güte, dass damit, wie in andern Oasen, die Bewohner ihr mangelndes Getreide, ihr Schlachtvieh, Butter und Oel, sowie andere Bedürfnisse zum Leben eintauschen könnten. Obschon

60000 Palmen *) vorhanden sind, reichen sie kaum hin, den
Bewohnern für einen Monat Nahrung zu gewähren.

In nächster Nähe der Stadt wächst absolut nichts an
wilden Gewächsen, in der Stadt selbst einige Mimosen, an der
Quelle und in den Gärten Gräser und Quecken. Zum Düngen
wird aus den nahe liegenden Hattien (Oase ohne Baum, im
Gegensatz zu Rhabba, Oase mit Bäumen oder Buschwerk) ein
Kraut, „Agol" (Alhagi Maurorum) genannt, geholt, da der
Dünger der Thiere zur Befruchtung des Bodens nicht aus-
reichend ist.

In Rhadames ist das Thierreich auch äusserst sparsam
vertreten. Hausthiere giebt es mit Ausnahme von Kamelen,
Eseln, Katzen, Mäusen, Fledermäusen und Hühnern keine. Kein
einziger besitzt auch nur ein Pferd. Ebenso sind Hunde dort
so unbekannt, dass mein weisser Spitz das grösste Aufsehen
hervorrief. Ausser Sperlingen bemerkte ich in den Palmen die
kleine graue Baumtaube, endlich Schwalben. Schlangen sind
selten, obschon die Hornviper wie die gemeine Viper sich bis-
weilen finden soll. Der Mauergecko ist ein gern gesehener Gast
und fast in allen Häusern anzutreffen, andere Eidechsen, auch
die Dub-Eidechse, finden sich in den Mauern, welche die Gärten
umgeben. Frösche giebt es in grosser Menge in der Quelle und
in den Rinnsalen. Von den Spinnen ist besonders der Skorpion
hervorzuheben. Keine der Quellen und Brunnen hat Fische (in
vielen andern selbst unterirdischen Quellen der Sahara findet
man Fischchen), aber Blutegel sind zahlreich, ebenso einige

---

*) Der Dattelbaum, Phoenix dactylifera L., Nachla im Arabischen,
Taselt in der Tuaregsprache genannt, ist durch Kunst nach und nach so
verschieden vervielfältigt, dass es jetzt wohl so viele Dattel- wie Aepfel-
sorten giebt. Die in Rhadames gewöhnlichste Sorte ist die Medrhauen
genannte, sie ist sehr klein und schwarz, äusserlich einer Olive ähnlich.
Die beste Sorte heisst Um el assel (Honigmutter), der Name bezeugt
ihre Güte. Andere Sorten sind: Tin-Dorhut, Diggla, Tin-Udi, Tissiuin,
Tin-Djohort, Dumbu-Dumbu, Ssirt-Tadissedas, Tin-Tolome, Tin-Toadjit,
Tin-Ssukar. Das Wort Tin bedeutet im Berberischen „Dattel". Einige
von diesen Sorten finden sich auch in Tuat.

lebende Moluskenarten. Dass die Hausfliege, diese Qual der
Menschen bei Tage, die Wasserschnake, die Qual der Nacht,
nicht fehlen, braucht wohl kaum gesagt zu werden; Bienen
giebt es nicht, aber eine Wespenart, welche in den Häusern
und Moscheen ihre Zellenwohnung baut. Da die Rhadamser Mohammedaner sind, so fehlen natürlich auch nicht die schmutzigen
Insekten, die allen unreinen Menschen anhaften, aber der Floh
wird nie in Rhadames gefunden, weil dieser überhaupt in der
Sahara nicht existiren kann. Der Quimanquam kommt nur ein-
geschleppt als Parasit bei den Bewohnern vor.

Was die Bevölkerung von Rhadames anbetrifft, so ist
dieselbe wie die ganze Urbevölkerung von Nordafrica berberischen
Ursprunges. Ihre Sprache zeigt die grösste Aehnlichkeit mit
der der Bewohner der übrigen Oasen, wie Sokna, Siuah, Audjila
und anderer, sowie auch mit der Sprache der Tuareg oder der
der Bewohner des Atlas und der Gebirgsbewohner längs der
africanischen Küste des Mittelländischen Meeres. Fast alle
Rhadamser verstehen übrigens eine oder die andere Sprache
Centralafricas; namentlich verbreitet unter ihnen ist die Sprache
der Hausa und der Sonrhai; ebenso verstehen auch die meisten
targisch. Uebrigens haben die Rhadamser viel Neger- und
Araberblut in sich aufgenommen. Es gibt zwei Volkspartheien
oder Triben in der Stadt: die Beni-Uasit und die Beni-Ulit;
letztere bilden drei Stämme, und die Namen dieser Stämme
sind auch Namen der Quartiere der Stadt. Es sind die Tosseku,
Beni-Derar und Beni-Masirh, alle drei sind Berber. Die Beni-
Uasit bilden vier Stämme: die Tenkrine, Teferfera, Djeresan und
Beni-Belil, die drei ersten sind Berber, der letzte Stamm ist
arabischen Ursprunges. Sodann giebt es noch freie Neger und
deren Nachkommen, welche gesammt Atriya genannt werden.

Nie sind bis jetzt Heirathen zwischen den Beni-Uasit und
den Beni-Ulit vorgekommen, da, wenn auch die blutigen Fehden
aufgehört haben, die feindseligen Gefühle nach wie vor fort-
bestehen. In der Sprache beider ist sogar eine gewisse Ver-
schiedenheit, da beide nie miteinander verkehren. Und jetzt,

wo sie unter türkischer Herrschaft im Innern der Stadt keine Schlachten schlagen dürfen, ist dennoch die Abneigung gegeneinander so gross, dass nie einer der einen Tribe in das Quartier der andern einen Besuch machen geht. Es kommt vor, dass mancher Rhadamser Kuka, Kano, Timbuktu, Tripolis und andere fern gelegene Städte gesehen hat, ohne je einen Fuss in die andere Hälfte seiner Vaterstadt gesetzt zu haben. Das einzige neutrale Terrain ist der Marktplatz, das Haus des türkischen Paschas, die Sauya (ein Kloster mit Moschee und Schule) des Muley Thaib von Uesan und die des Muley Abd-el-Kader Djelali von Bagdad. Aber die übrigen Moscheen, in den Quartieren der betreffenden Stämme selbst gelegen, werden nur von ihren resp. Mitgliedern besucht. Der Marktplatz liegt in der Mitte der Stadt und wird von beiden Seiten von den feindlichen Quartieren begrenzt, sodass jede Partei dahin kommen kann, ohne dass es nöthig wäre, das Stadtviertel der andern zu berühren. Die Sauyas und das Gebäude des Gouverneurs liegen ausserhalb der eigentlichen Stadt.

Wenn nun aber die Rhadamser innerhalb ihrer eigenen Stadt sich vollkommen fremd einander gegenüberstehen, so hat das doch jetzt aufgehört, wenn sie auswärts verweilen. Begegnen sich von den beiden grossen Stämmen Söhne in Timbuktu oder einer andern entfernten Stadt, so verkehren sie als Rhadamser miteinander. Wie in ganz Nordafrica haben sie im schriftlichen Verkehr die arabische Sprache angenommen, bedienen sich in seltenen Fällen auch wohl blos der arabischen Schriftzeichen, um rhadamisch zu schreiben, namentlich wenn sie fürchten, dass ihre kaufmännischen Mittheilungen der zumeist offen verschickten Briefe von Concurrenten in andern Städten gelesen werden könnten. Deshalb findet man auch im Verkehre der Rhadamser eigene, vielleicht altlibysche Zahlzeichen, welche hauptsächlich dazu dienen, unter sich die Preise der Waaren u. s. w. zu verzeichnen.

Merkwürdigerweise zählen die Rhadamser in ihrer eigenen Sprache nur bis 10, von da an aufwärts aber arabisch.

Wenn Richardson in seinem Werke sagt, Rhadames sei
eine Marabutstadt, so ist das irrthümlich; die Rhadamser als
Berber machen darauf keinen Anspruch und können das überhaupt nicht, obschon sie sich gern in den centralafricanischen
Ländern mit einem gewissen frommen Nimbus umgeben, un-
wissenden Negern auch wohl weismachen, dass sie Marabutin
sind. Malekiten ihrem Ritus nach, sind die meisten Fkra, d. h.
Mitglieder des Ordens Muley Thaib, doch hat auch Abd-el-
Kader Djelali zahlreiche Anhänger, andere Orden, auch der des
Snussi, haben nur vereinzelte Mitglieder. Alle Rhadamser halten
streng auf pünktliche Erfüllung der religiösen Vorschriften, und
da jeder lesen und schreiben lernt, so ist ein jeder „Thaleb", was
dem türkischen „Efendi" entspricht. Sogar die Frauen beten
meistens in den Moscheen, welche vorzugsweise am Morgen zu
gewissen Zeiten ihnen reservirt bleiben.

Im übrigen sind die Rhadamser tolerant; durch ihre
Handelsbeziehungen gezwungen, in den Hafenstädten direct mit
den Christen und Juden zu verkehren, oder in Centralafrica
inmitten der Heiden zu leben, haben sie manche Vorurtheile
abgelegt. In Rhadames selbst wohnen indess keine Juden, und
Christen nur vorübergehend als Consuln *) oder als Reisende.
Gegen Fremde reservirt, sind sie unter sich sehr ungezwungen,
und geben sich heimlich sogar dem Genusse des Lakbi und
Araki hin. Der Verkehr mit den Frauen ist indess ein sehr
geregelter und es ist äusserst selten, dass man überhaupt
eine Frau auf öffentlicher Strasse erblickt. Nur die Atriya-
weiber findet man auf dem Markte und in den Strassen,
meistens unverschleiert. Die Frauen der vornehmen Rhadamser
gehen schon deshalb nicht auf die Strassen, weil alle wegen
der Ueberbauung vollkommen dunkel sind; nur tappend, falls man
keine Lampe hat, kann man vorwärts kommen, und durch
Husten und Räuspern gibt man in dem Falle von weitem sein
Kommen zu erkennen. Die Frauen verkehren unter sich auf

---

*) Seit 1879 befindet sich eine religiös-mercantile Mission in Rhadames.

den Dächern, welche ausschliesslich ihnen reservirt sind: mit
Behendigkeit werden die niedrigen Mauern, welche alle natürlich
flachen Hausdächer trennen, überhüpft, und oben in der Stadt
findet oft ein grösserer Verkehr statt als unten in den finstern
Strassen, denn dort oben haben auch die Frauen ihren Markt
und Austausch.

Der Rhadamser ist sehr treu und wortfest. Von den
europäischen Kaufleuten werden den Rhadamsern Waaren auf
Borg mitgegeben, die manchmal den Werth von mehrern tausend
Thalern haben, und noch nie ist es vorgekommen, dass ein
Rhadamser seine Gläubiger unbefriedigt gelassen hätten. Die
Rhadamser haben nur eine Frau, in der Ferne allerdings legen
sie sich Sclavinnen zu, ohne indess eine feste Heirath mit ihnen
einzugehen.

Was das Aeussere anbetrifft, so sind die Rhadamser meistens
hässlich, da die vielen Kreuzungen mit Negern eben nicht dazu
beigetragen haben, Körper und Gesichtsform zu veredeln und
zu verschönern. Die Tracht der Bewohner der Stadt ist die
der übrigen Städtebewohner Nordafricas, jedoch lieben sie vorzugsweise weisse Stoffe. Ein langes baumwollenes Hemd, ein
zweites wollenes (Djilaba) darüber, oder ein Haik, d. h. ein
langes weisswollenes Umschlagetuch, endlich ein weisser Turban,
der die rothe Mütze umwickelt, vervollständigt, entweder mit
gelbledernen Pantoffeln oder Sandalen an der Füssen, den Anzug.
Die Reichen lieben es auch eine gestickte Tobe aus den Sudan-
ländern zu tragen, namentlich ist das die Tracht derjenigen, die
sich längere Zeit in Centralafrica aufgehalten haben. Eine
Tobe ist eigentlich nichts mehr und nichts weniger als zwei
ungeheuer grosse Aermel, in die durch ein winziges Loch an
der Stelle, wo die Aermel zusammenhängen, der ganze Körper
gesteckt wird. Ich habe nie bemerkt, dass die Rhadamser sich
verschleiern, wenn sie in der Stadt sind, auf Reisen allerdings
machen sie sich aus einem Turbanende einen Litham (Gesichts-
schleier) wie die Tuareg. Alle Rhadamser tragen ihr Haupt
glatt rasirt, und vom Barte lassen sie oberhalb und unterhalb

des Mundes nur einen schmalen Streifen stehen. Die meisten
Männer tragen auf irgend einem Finger einen, oft auch mehrere
silberne Ringe, und um den Oberarm einen Ring aus Serpen-
tinstein von der Breite eines Zolles. Gehen sie aus, so hängt
immer ihr mächtig grosser eiserner Hausschlüssel an einem Le-
derbande um den Hals. Das Schnupfen des Tabacks halten sie
für erlaubt; der Genuss des Haschisches wird nicht gern gesehen,
ist aber trotzdem sehr verbreitet; Spirituosen werden nur heimlich
genommen.   Die Frauen tragen ein langes weissbaumwollenes Hemd,
Gandura genannt, die Atriya ein blaues. Alle haben Arm- und
Beinringe, die je nach den Vermögensverhältnissen von Silber
oder Messing sind; auch Ohrringe sind allgemein in Brauch.
Korallen als Halsbänder sind sehr beliebt; Korallen und Glasperlen
werden auch in die Haare geflochten, welche meistens so getragen
werden, wie es in den Negerländern üblich ist; in der Regel
werden sie nur einigemal im ganzen Leben zurechtgeflochten.
    Die Zahl der Bevölkerung kann sich auf 5000 Seelen be-
laufen, und ausserdem kann man 1000 Individuen annehmen, die
sich auswärts aufhalten. Richardson gibt blos 3000, Duveyrier
hingegen 7000 Einwohner an, dieselbe Zahl hat auch Mircher.
Als Autorität hatten die Rhadamser 1864/65 einen türkischen
Kaimmakan, der vom tripolitanischen Gouverneur abhängig ist.
Früher war nur ein Mudir in der Stadt. Militärische Kräfte
stehen ihm mit Ausnahme einiger Leute aus dem Ghoriangebirge nicht zur Seite. Die zweite Autorität ist der Schich el
bled oder der Stadtälteste, dem einige angesehene Kaufleute bei-
gegeben sind; diese im Verein mit dem Kadhi und Mufti bilden
die Midjelis oder Djemma, welche Versammlung allwöchentlich
beim Kaimmakan oder auch bei sonst ausserordentlichen Gelegen-
heiten sich versammelt. Dieser Rath hat bei den öffentlichen
Abgaben Stimme, d. h. er muss zu allem Ja sagen, was die
türkische Regierung will. Die Abgaben, welche die Stadt zahlt,
belaufen sich auf jährlich 250000 Frs. Eine eigentliche Douane
existirt in Rhadames nicht, da von hier die Exportation ohne

Zoll vor sich geht, und von den eingeführten Gegenständen werden nur die Sclaven besteuert mit 10—15 Frs. pro Kopf, welches Geld in die Tasche des Kaimmakans fliesst. Europäische Vertretung existirt in Rhadames mittelst eines Eingeborenen, der französischer Consularagent ist; England hat seit Jahren keinen Consul mehr dort.

Die Handelsbeziehungen der Rhadamser sind sehr ausgedehnt, einerseits nach Tunis und Tripolis, anderseits nach Tuat, Timbuktu, Sokoto, Kano und Kuka. Sie sind die hauptsächlichsten Vermittler des centralafricanischen Handels nach dem Mittelmeere. Sie bringen nach den centralafricanischen Ländern Tuche, weisse und bunte Kattune, fertige Tuchburnusse, rothe Mützen, bunte seidene und baumwollene Tücher, Glasperlen, echte und falsche Korallen, echte und falsche Essenzen, Messing, Papier, Blei, Pulver, Schwefel, kleine Spiegel, Messer, Scheeren, Nadeln und andere kleine Gegenstände. Zurück bringen sie Sclaven, Elfenbein, Straussenfedern und Goldstaub. Letzterer kommt indess jetzt in ganz unbedeutenden Quantitäten nach Rhadames, da der meiste von Innerafrica jetzt nach der Westküste geschickt wird.

Was das Aussehen der Stadt selbst anbetrifft, so sieht sie von aussen gesehen (die Beni-Belil wohnen indess ganz abgesondert von der Stadt in einzelnen getrennten Häusern) aus wie eine compacte, sehr hohe, unregelmässige Festung. Obschon ohne Mauer, denn die äussere, alle Gärten umgebende Mauer besteht besonders, bildet die Aussenseite der eng aneinandergeschlossenen Häuser gewissermassen zugleich die äussere Stadtmauer. Nur selten ist ganz oben ein Loch, das als Fenster dient, zu bemerken. Alle Häuser sind mehrstöckig, und durch verschiedene überbaute Thore gelangt man in die überbauten Strassen, die nur hin und wieder auf einen kleinen offenen Platz führen, um schliesslich alle auf den offenen Marktplatz und bei der Quelle zu münden. Abgesehen von der Quelle, die hier mitten im Orte gelegen ist, hat also Rhadames in seiner Bauart grosse Aehnlichkeit mit Siuah in der Oase des Jupiter Ammon.

Die Moscheen sind ohne Bedeutung, es gibt zwei grosse
und mehrere kleine. Die zum Bau verwandten Säulen sind
aber fast alle antik. Die Häuser selbst zeichnen sich im Innern
durch Reinlichkeit und durch einen verhältnissmässigen Reichthum an verschiedenen Gegenständen, als Truhen, Messingge-
schirr, Spiegeln u. dgl. m. aus. Indess sind sie sehr eng und
meist ohne Luft. Nur einige ausserhalb der eigentlichen Stadt
in den Gärten gelegene Häuser unterscheiden sich dadurch, dass
sie einen luftigen Hofraum haben. Von weitem gesehen macht
die blendendweisse Stadt inmitten des dichten dunkelgrauen
Palmenhaines einen prachtvollen Effect, der noch dadurch erhöht
wird, dass die ganze nächste Umgebung vollkommene Sahara ist.

Ein Binnensee in Algerien.

Das ist die Ueberschrift eines Artikels in der Revue des
deux mondes *) aus der Feder des Herrn Roudaire. Der Verfasser plaidirt für das Unternehmen, vom Mittelmeere Wasser
in den Schott Mel-Rir zu leiten. Dieser Schott wird vom 34°
nördl. Br. und vom 24° östl. L. v. F. durchschnitten und liegt
in der Provinz Constantine, südlich vom Aures-Gebirge. Unter
Schott aber versteht man in den Berberstaaten einen periodischen
See, angefüllt im Winter und Frühjahr mit brakischem oder
auch süssem Wasser, während im Sommer und Herbste die
Wasser verdunsten, und mit starker Zerklüftung des Bodens entweder ganz oder nur an der Oberfläche austrocknen. Während
der Schott Mel-Rir jetzt sein Wasser durch eine Menge vom
nördlichen und westlichen Gebirge und Hochland sich in ihn

---

*) Une mer intérieure en Algérie, 15. Mai 1874.

ergiessende Rinnsale bekommt, hatte er in prähistorischen
Zeiten einen bedeutend mächtigeren Zufluss durch den vom
Ahagar-Plateau kommenden Ued Irharhar und durch den vom
Tademait-Plateau kommenden Ued Mia.

Es muss eine Zeit gegeben haben in der Sahara, wo diese
colossalen heute stets leeren Flussbetten Wasser fortschwemmten,
und zwar grosse Wassermassen, und solche wurden durch den
Mel-Rir und die östlich sich davon erstreckenden Schotts dem
Mittelmeere zugeführt. Dass der Mel-Rir tiefer als der Ocean
gelegen ist, scheint ausser Zweifel zu sein; auf der Petermann'schen Mittelmeerkarte steht derselbe mit 24 Fuss unter
dem Niveau des Meeres angegeben; ob der Garnis, der Schott
el Kebir ebenfalls echte Depressionen sind, muss erst noch
genauer festgestellt werden, und wenn dies der Fall wäre, dann
würde in der That die Inundirung dieses ganzen Gebietes vom
Mittelmeere aus mit nicht allzugrossen Schwierigkeiten verknüpft sein.

Bei Untersuchung dieser Frage verweilt Herr Roudaire
längere Zeit dabei, wie die Communication zwischen den Schotts
und der kleinen Syrte haben verschlossen werden können, und
versucht aus den Nachrichten der alten Schriftsteller zu beweisen,
dass die Schotts in historischer Zeit sich durch Sandauswürfe
vom Meere abgetrennt hätten.

Wir wollen hier nicht die Frage untersuchen, ob Herr
Roudaire die Alten richtig interpretirt hat, nur möchten wir
hervorheben, dass so lange keine genaue Untersuchung des
Terrains stattgefunden hat, nichts zu dieser Annahme berechtigt,
viel wahrscheinlicher aber die Abtrennung durch eine partielle
Hebung des Ufers erfolgt sein mag. Die grösseren Boden-
schwankungen am Mittelmeere sind bekannt. Die Gegend um
Neapel hat sich gehoben, die Küste von Tripolitanien senkt
sich sichtlich in dieser Zeit. Eine Hebung des Ufers, vielleicht
verknüpft mit einer Senkung des westlich davon liegenden Land-
striches musste aber nothwendigerweise einen Verschluss, eine
Abtrennung der Schotts vom Meere hervorbringen. Einmal ab-

getrennt, ohne neue Zuflüsse, da der Irharhar ebenfalls seit
langem kein Wasser mehr schickte, musste durch Verdunstung
fast augenblicklich Schott-Bildung entstehen, d. h. es bildeten
sich zeitweise noch Wasserflächen, während des grösseren Theiles
des Jahres aber waren die Depressionen trocken oder höchstens
sumpfiger Natur.

Auf allen besseren Karten (siehe die vorhin schon genannte
Petermann'sche im Stieler'schen Atlas), wie z. B. auch auf der
Barth'schen *), sieht man die Schott-Region vom Mittelmeere
durch eine Gebirgskette abgetrennt. Ob aber in Wirklichkeit
ein Gebirgszug dort existirt, ist sehr zu bezweifeln. Ist es nicht
der Fall und sind alle Schotts echte Depressionen, dann hat die
Herstellung eines Canals vom Mittelmeere zu den Schotts, mit-
hin die Bildung eines Binnensees keine allzugrosse Schwierigkeit.
Herr Roudaire meint, ein Canal von 12 Kilometer Länge würde
genügen, um die Schotts mit der kleinen Syrte zu verbinden
und dazu ein Capital von 20 Millionen Franken erforderlich
sein. Und wie ernstlich man daran denkt, dies Unternehmen
in Angriff zu nehmen, geht daraus hervor, dass der oberste
Rath von Algerien unter dem Präsidium von General Chanzy
am Ende des verflossenen Jahres die benöthigte Summe votirt
hat, damit sogleich ein Nivellement vorgenommen werden kann.

Fürwahr eine grossartige Idee, denn der ganze Süden der
Provinz Constantine, jetzt vom Mittelmeer durch ein hohes
Gebirge getrennt, würde dadurch unmittelbar ans Meer gerückt.
Wenn auch einzelne kleine Ortschaften und Oasen, in der Depression selbst gelegen, unter Wasser gesetzt. werden müssten,
so könnte man die Einwohner, wie der Verfasser des Artikels
in der Revue des deux mondes richtig bemerkt, expropriiren,
aber der immense Vortheil, der dem ganzen umliegenden Lande
dadurch erwachsen würde, liegt auf der Hand. Das Land der
Beni Msab, Urgula, Tuggurt und el Ued würden dem Meere
einmal so nahe gerückt, als sie jetzt davon abliegen.

---

*) Gezeichnet von H. Lange.

Ebenso würde auch Tunesien davon profitiren, welches nach Vollendung des Unternehmens eine wirkliche Halbinsel würde; hierbei lassen wir die politische Seite jedoch unerörtert. Herr Roudaire hat sodann noch auf die Verbesserung des Klimas hingewiesen und gewissermassen den Canal von Sues als Regenmacher hingestellt. Ich möchte bezweifeln, ob der Canal von Sues als solcher dazu beigetragen hat, in Egypten den feuchten Niederschlag zu vermehren, wohl aber hat diess bewirkt werden können durch die grössere Baumcultur im Delta und Unterägypten. In dieser Beziehung könnte eine Marificirung der Schotts auch auf die Cultur wirken, und so mittelbar einen grösseren Regenfall veranlassen. Jedenfalls aber ist die Befürchtung vollkommen unbegründet, wenn man von einer Unterwassersetzung der Schottregion auf eine Verschlechterung des Klimas in Europa schliessen wollte. Die Strecke, welche unter Wasser gesetzt werden soll, ist zur grossen Sahara eine verhältnissmässig kleine, und zum Theil, ja auch jetzt schon im Winter mit Wasser bedeckt. Es kann daher höchstens eine lokale klimatische Veränderung im Süden der Provinz Constantine und von Tunesien und vielleicht auch im Norden der Sandregion, welche angrenzt, erfolgen. Nimmermehr aber hat, wie ein anonymer Schüler von Pater Secchi im Wiener „Vaterland" befürchtet, Europa irgend Grund, einer Verschlechterung seines Klimas durch eine Inundation der Schottregion entgegen zu gehen. So sehr wir selbst auch der Meinung Desors beipflichten, in der Sahara den grossen Regulator für unser Klima in Europa zu erblicken, so genügt doch ein Blick auf die Karte, um das Ungereimte der Behauptung zu erweisen, wir würden eine Erkältung unseres Klimas erleben durch die Bildung eines Binnenmeeres südlich von Constantine und Tunesien.

Ein Binnensee in der West-Sahara.

„The north-west african expedition" ist die Ueberschrift
eines kurzen Aufsatzes in dem von Clements R. Markham
herausgegebenen Geographical Magazine. Der Verfasser zeichnet
J. A. Skertchly und hat die Feder zu Gunsten einer von ihm
geführten Expedition ergriffen, welche die Aufgabe sich setzte,
die westliche grosse Wüste zu erforschen, um später diesen
Theil der Sahara zu inundiren.

Gewiss wird Niemand mir, der ich so manches Jahr der
Erforschung Africa's geopfert habe, ja oft genug mein Leben
dafür einsetzte, den Gedanken unterschieben wollen, einer der-
artigen Untersuchung feindselig gegenüber zu treten, sei es aus
nationaler oder persönlicher Missgunst. Die Beurtheilung meiner-
seits über das neue Unternehmen der Franzosen, im Süden von
Tunis und Constantine, die warme Theilnahme, die ich jedem
geographischen Privatunternehmen zugewandt habe, welcher
Nation es entstammen mag, müssen einen solchen Gedanken
von vornherein ausschliessen. Ich habe aber geglaubt, dies
vorausschicken zu müssen, weil ich gerade eine Unterwassersetzung der westlichen Sahara, wenn nicht für unmöglich, so
doch für vollkommen unnütz und überflüssig erklären muss, so
sehr einverstanden ich mit einer Expedition selbst bin. Und
unnütz und überflüssig wird die Inundation, wenn, wie ich hoffe,
aus nachfolgenden Zeilen das Publikum gewahr wird, dass Herrn
Mackenzie's Schlüsse alle unrichtig sind, als auf falschen Voraussetzungen beruhend.

Ueben wir von Anbeginn des fraglichen Artikels an Kritik,
so finden wir, dass der Verfasser zuvörderst sagt, dass Nordwest-
Central-Africa einen Markt aufzuweisen hätte, welcher, wenn
einmal eröffnet, reichlich für alle Opfer entschädigen würde.
Damit sind wir vollkommen einverstanden. Wenn aber der
Verfasser die Ursache der Unerreichbarkeit von Nordwest-Central-

Africa in der Existenz des Kong-Gebirges und in der Sahara sucht, so ist das einseitig, und andererseits würden diese Ursachen durch eine Unterwassersetzung des Djuf keineswegs gehoben. Was ist Djuf? wird der Leser fragen. In der africanischen Geographie bezeichnet man unter Djuf Bauch, Vertiefung, und so heisst die Gegend, welche sich zwischen dem 21° und 23° N. Br., dem 9° und 14° O. L. v. F. befindet. Natürlich ist diese Lage nur eine ungefähre und auf Aussagen der Eingeborenen beruhende, denn noch nie ist diese Gegend von Europäern begangen und durchforscht worden.

Das eigentlich fruchtbare Gebiet von Central-Africa beginnt aber erst mit dem 17° N. Br., ist also in gerader Linie ca. 250 Engl. Meilen von seiner nächsten Stelle vom Djuf entfernt. Es wird sodann mit Zuversicht behauptet, dass vom Nordwest-Ende dieser Depression ein wie V geformtes Thal nach dem Atlantischen Ocean liefe, dessen Mündung unter dem Namen Belta-Fluss gegenüber den canarischen Inseln sich befände. Angenommen, dieser Fluss *) existire, oder vielmehr, es wäre hier eine durch eine Sandbarre abgeschlossene Depression, angenommen, die Barre wäre schmal und leicht zu durchstechen, die Vförmige vom Atlantischen Ocean ausgehende Depression stände im Zusammenhang mit dem Djuf, angenommen, es ständen der Unterwässerung keine sonstigen Hindernisse entgegen, so wäre damit noch nichts gewonnen.

Die Entfernung von Nordwest-Central-Africa wäre vom Djuf aus noch immer viel zu gross und das Reisen von hier aus bedeutend schwieriger, um nach Massena, Bambara und Socoto zu kommen, als von der Küste aus, wo man ebenfalls mit Wegelosigkeit, Feindseligkeit der Eingeborenen und den klimatischen Einflüssen zu kämpfen hat, aber dafür sich gleich

---

*) Ein Fluss Belta kann das nicht sein, denn wenn ein Fluss dort einmündete, so wäre damit schon die Existenz einer Depression ausgeschlossen. Jeder Fluss muss höher sein als das Niveau des Meeres, wenn er anders dem Meere zufliessen soll oder einst zufloss.

mitten im reichsten Lande befindet, denn die fruchtbare Zone
erstreckt sich bis zur Küste.

Herr Mackenzie, der seine Aufmerksamkeit diesem Theile
von Africa zugewandt haben will und der Herrn Skertchly zu
jenem Aufsatz im Geographical Magazine veranlasst hat, meint
er könne den ganzen westlichen Theil der Sahara unter Wasser
setzen. So wenige Reisende nun auch diese Gegenden berührt
haben, Caillié und Laing im Osten, Panet, Bu Mogdad und
Vincent im Westen, so wissen wir doch hinlänglich, dass, mit
Ausnahme vielleicht des Djuf, die Wüste dort überall höher als
der Ocean ist; schon die Namen der Gegend deuten diess an:
El Khart, Chank, Tanesruft, Ragg oder Areg, Igidi, Tisarkaf,
Tirescht sind durchweg Namen, die mit Erhebung, und zwar
mit felsiger in Verbindung stehen, nur Areg und Igidi bedeutet
Dünen. Also daran ist gar nicht zu denken, einen wesentlich
grösseren Theil als den Djuf zu inundiren. Ob der Djuf aber
wirklich tiefer als der Ocean gelegen ist, weiss Niemand, denn
ich vermuthe, Herr Mackenzie ist noch nicht dort gewesen.
Heinrich Barth (V. Bd., S. 567) sagt: „Auf der Südostseite von
Ergschösch liegt die Landschaft el Djuf *), zu der Taödenni
gehört. Dieser Landstrich ist reich an Salz, aber fast ganz
kräuterlos mit Ausnahme der von der Natur mehr begünstigten
Stätte Namens El Harescha etwa 1½ Tagemärsche nordöstlich
von Taödenni, wo sich Baumwuchs findet" etc. Dann S. 568:
„El Djuf grenzt im Norden an den Landstrich Namens Soáfie,
eine Art Hammada mit gelegentlichen Grasstreifen." Hammada
heisst steinigte Hochebene. Der Bir Telig dicht im NO. vom
Djuf gelegen, ist nach Barth schon 7 bis 8 Klafter tief, deutet
also auch an, dass diese Gegend hoch gelegen sei.

Herr Donald Mackenzie will also den Theil von Africa,
der westlich von Fesan, (oder wie er sagt Mursuk) und Asben,
und südlich von den Abhängen des Atlas und den fruchtbaren
Regionen Tuat's und Tafilet's bis auf einige Meilen von Tim-

---

*) Dass Djuf eine wirkliche Depression sei, sagt Barth nicht.

buktu im Süden liegt, unter Wasser setzen. Der Unternehmer
scheint keine Kenntniss von dem von Henri Duveyrier beschriebenen Hogar-Lande, einer alpenähnlichen Gegend, zu
haben; er weiss nicht, dass Tuat und Tafilet vom Djuf durch
eine Entfernung von fast 600 engl. Meilen getrennt sind und
als Hochland dazwischen die entsetzliche Tanesruft liegt. Aderer
und Maghur legt er nahe dem Atlantischen Ocean und doch
sind diese Gegenden, wenigstens die Hauptorte wie Uadan, ca.
300 engl. Meilen davon entfernt. Nach Herrn Mackenzie's
Plane sollte man wirklich meinen, einen Theil der Sahara unter
Wasser setzen zu können, der ungefähr so gross ist, wie Spanien,
Frankreich und Deutschland zusammen, d. h. gelegen zwischen
dem 27⁰ und 18⁰ N. Br. und dem 5⁰ und 30⁰ Ö. L. v. F.

Herr Skertchly spricht sodann von dem enormen mine-
ralischen und vegetabilischen Reichthum Tafilet's und Tuat's.
Wer in aller Welt hat denn in diesen Oasen schon mineralo-
gische Studien gemacht? Die Ufer beider Oasen bestehen aus
Kalk und Sandstein, womit keineswegs gesagt sein soll, dass
diese Formationen ausschliesslich dort vorkämen, aber untersucht
ist die Mineralogie der dortigen Gegend bis jetzt noch nicht.
Und im vegetabilischen Reiche würden es höchstens die Datteln
sein, welche zu exportiren wären. Es ist also durch nichts
gerechtfertigt, von dem enormen Reichthum dieser Oasen zu
reden. Aus eigner Anschauung kann ich versichern, dass der
Getreidebau in diesen Oasen so wenig abwirft, dass er bei weitem
nicht hinreicht, die Einwohner zu ernähren.

Sehr neugierig wären wir in der That gewesen, das nach
Barth, Caillié, Panet, Riley und anderen Reisenden gefertigte
Modell zu sehen, woraus sogleich ersichtlich sein soll, dass der
Djuf eine Depression sei, und wohin der Atlantische Ocean
sofort seine Fluthen ergiessen würde, falls die Sandbarren aus
der Mündung oder vor der Mündung des Belta entfernt würden.
Den Belta haben wir vergeblich auf allen uns zugänglichen
Karten gesucht. Modelle lassen sich leicht herstellen, aber ob

sie ein wirklich wahres Bild der Topographie einer nie bereisten
Gegend geben, ist eine andere Sache.

Wenn wir somit unbedingt Herrn Mackenzie's Unter-
suchungsresultate (results of his investigation) als ungenau und
auf falschen Voraussetzungen beruhend bezeichnen müssen, so
freut es uns andererseits, wenn unter seiner Führung eine Expedition zu Stande kommt, welche es sich zur Aufgabe gestellt
hat, den nordwestlichen Theil der Sahara zu untersuchen. Wenn
eine solche Expedition auch hinsichtlich der Inundation voraus-
sichtlich zu ganz anderer Meinung kommen wird, so wird sie,
gelingt es ihr andererseits, von der Küste aus bis zum Djuf
vorzudringen, immerhin erhebliche und neue Ergebnisse aufweisen können: gleich vom Meere an, einerlei von welchem
Punkte sie ausgeht, berührt sie jungfräuliches Gebiet.

Sehen wir uns schliesslich nach den Ursachen um, welche
der Erschliessung des Handels mit den Nordwest-Central-Afri-
canischen Ländern entgegenstehen, so kann hier keineswegs die
Sahara als einziges Hinderniss in Betracht kommen. Vom
Atlantischen Meere aus sind die Küsten, folglich auch die
Hinterländer wenigstens ebenso zugänglich, als von einem Landsee aus in der Sahara, und umfasste derselbe auch das ganze
grosse Gebiet, wie es sich im Geiste Herr Mackenzie vorstellt.
Auch das Cong-Gebirge ist gar kein Hinderniss, da es nicht so
hoch ist und keinen so wilden Charakter trägt, dass dies
Hemmniss sein könnte. Einzig und allein liegen jene Hindernisse in der feindseligen Haltung der Eingeborenen und in dem
mörderischen Klima, welches bei jedem längeren Aufenthalte
den Europäern verderblich wird. Dass die Europäer Schuld
sind, die feindselige Haltung der Eingeborenen provocirt zu
haben durch jahrelange Menschenjagden, dass noch jetzt durch
unzweckmässige Bekehrungsversuche stets neuer Zündstoff zugeführt wird, liegt für den Unbefangenen auf der Hand. Und
was das böse Klima betrifft, so würden Rodungen im gross-
artigsten Massstabe vielleicht Besserung, völlige Beseitigung
aber kaum herbeiführen. Die Erschliessung der Central-

Africanischen Länder muss man der Zeit überlassen, immerhin aber werden die Africa umgürtenden Oceane und die grossen Flüsse die Hauptausgangspunkte für Handel und Wandel sein.

Gesandtschaften von und nach Marokko.

Kein Land hat so viele grundverschiedene Dynastien aufzuweisen gehabt wie Marokko, kein Land ist so von bürgerlichen Kriegen seit jeher durchwühlt worden wie Marokko, kein Land hat seit Langem so unter der Willkür und Laune Einzelner geschmachtet wie Marokko. Und alles dies, weil das Volk nur nach religiösen Sätzen und Meinungen regiert wird, und, in religiösen Banden befangen, nur der Religion nach lebt. Es giebt gar keine civile Gesetzgebung in Marokko. Alles basirt auf die Religion, das ganze Leben dreht sich darum. Wie in jeder Religion giebt es in der mohamedanischen ein Hauptbuch, welches als Basis der ganzen Religion dient. Bekanntlich ist dies Buch der Koran. Jeder Unparteiische wird aber zugeben, dass im Koran mindestens ebenso viele Widersprüche enthalten sind, wie z. B. in der Bibel, und dass desshalb ohne Schädigung nach einem solchen Buche nicht gerichtet werden kann. Hat man sich wohl die Frage vorgelegt, was aus der Menschheit werden würde, wenn heutzutage nur nach der Bibel gerichtet würde, wenn alle civile Gesetzgebung ungiltig wäre?

So ist es aber in der That in Marokko; denn wenn auch einzelne Berber Triben ihre „Kanons" haben, nach denen sie Recht sprechen, so ist die grosse Mehrheit des Volkes koranischen Kadhi's unterstellt, wenn ich mich so ausdrücken darf, welche nach eigenem Ermessen ihre Entscheidung, je nachdem es ihnen

6 *

einleuchtet, im Sinne des Buches Gottes abgeben. Daher ist
bei den mohammedanischen, und speciell also bei den marokkanischen Völkern, jeder Fortschritt von vornherein unmöglich
gemacht. Man fühlt instinctartig in Marokko, dass eine Berührung mit den Culturvölkern ein Ruin der Religion ist. Die
mohammedanische Religion kann ebenso wenig wie jede andere
die Freiheit des Geistes, die Civilisation und Gesittung vertragen,
sie „zersetzt" sich, saugt dann philosophische, naturwissen-
schaftliche und materialistische Lehrsätze ein und hört damit
auf, Religion zu sein. Mohammedanische Religion und Civilisation zusammenschmieden zu wollen, ist absolut unmöglich.
Man weise nicht auf Aegypten, auf den „civilisirten" Khedive,
oder auf die vom französischen Schliff angehauchten türkischen
Beamten hin. Diese sind gar keine Mohammedaner mehr, sie
sind Nichts, denn man muss sich ja hüten, auf sie das Wort
Materialisten oder Philosophen anzuwenden. Vielleicht giebt es
auch einige derartige Persönlichkeiten in Marokko, obschon es
sehr zweifelhaft ist, denn man lebt dort viel zu abgeschieden,
und gerade in den höchsten Kreisen hat man am wenigsten
Lust, aus dieser Abgeschiedenheit herauszutreten. Namentlich,
seitdem die jetzige Dynastie, die der Schürfa Filali auf dem
Throne, sitzt, hat dieselbe geglaubt, mehr als je das Land und
die marokkanischen Unterthanen von der Berührung mit den
Christen fernhalten zu müssen. Man fühlte instinctartig, dass
mit der Gesittung Freiheit der Anschauung, mit der Cultur
Kritik in religiösen Dingen Platz nehmen, und damit der persönlichen Willkür, der Despotie der Weg verbaut werden würde.
Die Würdenträger der jetzigen Dynastie sind um so weniger
geneigt, das marokkanische Volk an den allgemeinen Cultur-
bestrebungen Theil nehmen zu lassen, als die Dynastie die
Religion des Islam gewissermassen körperlich vorstellt, denn sie
stammt direct von Mohammed. Man kann sich daher den
colossalen Nimbus dieser Fürsten denken, welche nicht nur
weltliche Beherrscher des Landes und Alles was darinnen ist,
sind; welche nicht nur die oberste geistliche Behörde der Unter-

thanen mit vollkommenster Unfehlbarkeit in ihrer Person ver-
einigen, sondern noch den ungeheuern Vortheil haben, körper-
liche Nachkommen des Propheten zu sein.

In allen Religionen wird der Prophet höher geachtet und
mehr verehrt als der Gott, welchen er seine Anhänger anzubeten
lehrte. In den meisten Religionen sind sogar die ersten Nach-
folger des Propheten, Heilige etc. mehr angebetet als der Stifter
der Religion oder der von ihm gelehrte Gott *).

So ist es auch in der mohammedanischen Religion, und
speciell so ist es in Marokko beschaffen. Und wegen der oben
entwickelten Gründe glaubt kein Fürst der Erde sich so von
Gottes Gnaden, so rechtmässig und so erhaben über alle anderen
Menschen, als der Sultan von Marokko, welcher sich Hakem el
Mumenin oder Emir el Mumenin, d. h. Beherrscher der Gläubigen nennt, und der seinem Titel vor Allem hinzufügt: „Der
Vorkämpfer des Herrn in dieser und jener Welt." Aber kein
Volk der Erde sieht auch mit solcher scheuen Ehrfurcht, mit
solcher Hingebung, mit solcher von oben dictirten Liebe zu
seinem Kaiser auf, wie das marokkanische; am besten hat dies
de Amicis wiedergegeben, welcher 1876 die italienische Gesandtschaft nach Fes begleitete. „Tutto", sagt de Amicis S. 207
seines anziehend geschriebenen Buches, „intorno a lui, esprimeva
la sua enorma potenza (es ist vom Sultan die Rede, welcher
die italienische Gesandtschaft in Audienz empfing), l'immensa
distanza che lo separava, da tutti, una sottomissione sconfinata,
una devozione fanatica, una svisceratezza d'amore pauroso sel-
vaggio, che sembrava domandare d'essere provato col sangue.
Non pareva una monarca; ma un dio." **)

---

*) Siehe dazu „Ausland", 187 . Nr. 27: Gennaro etc. von Dr. R.
Kleinpaul.

**) „Die ungeheure Kluft, welche ihn von allen trennt, eine unbe-
grenzte Unterwerfung, eine fanatische Verehrung, eine Herzliebe gepaart
mit Sclavenhingabe, die sehnsüchtig danach strebt, auf die Probe gestellt
zu werden, lassen ihn nicht als Monarch, sondern als ein Gott erscheinen."

Er ist ein Gott, der marokkanische Kaiser, viel mehr als
der türkische und als der russische es ist, er ist weit unfehl-
barer als der römische Papst, hat viel mehr Machtvollkommen-
heit als der nordamerikanische Präsident. Er ist das Ideal
eines Willkürherrschers, eines Despoten des Mittelalters, dessen
Glorie sich unverändert erhalten hat; unberührt von allen Fort-
schritten, unangesteckt von den abscheulichen Ideen der Gleich-
heit aller Menschen vor dem Gesetz; der Brüderlichkeit der
Menschen, insofern auch der Schwarze, der Bauer, der Arbeiter,
der Künstler und wissenschaftlich gebildete Mann als Mensch
betrachtet werden; unberührt von der Freiheit, welche die
denkenden Völker sich gegeben haben, ihre Regierung und Ge-
schicke selbst zu bestimmen.

Nichts ist süsser, als als Gott betrachtet zu werden, als
unumschränkter Herrscher sich geriren zu können; das wissen
am besten seine Stellvertreter auf Erden, grosse und kleine,
solche, die mit ihrem Amt weltliche Macht verbinden oder die
nur das sogenannte Seelenheil ihrer Heerde überwachen. Aber
dazu bedarf es vor allen Dingen, das Volk in Ignoranz zu erhalten und kein Mittel ist hierzu wirksamer, als Religion und
Abgeschiedenheit.

Don Carlos Antonio Lopez und sein Sohn Francisco
Solano benutzten, um ihrer Herrschgier zu fröhnen, nur die
Religion und die Abgeschiedenheit. Die Paraguenser waren
vom Verkehr mit allen anderen Völkern abgeschlossen. Dasselbe
Princip beobachteten die sacerdotalen Judenherrscher im Alterthum, die Mormonenpropheten der Jetztzeit, und eben dasselbe
beobachten die marokkanischen Emire. Besonders seit der
letzten Dynastie hat man, wie hervorgehoben, das Land mehr
und mehr abgeschlossen. Nur der jetzige Sultan scheint davon
eine rühmliche Ausnahme zu machen. Unter den Almohaden
und Meriniden war der Abschluss schon desshalb nicht möglich,
weil die Wechselbeziehungen mit Spanien auch Christen nach
Marokko lockten. Zu der Zeit gab es sogar noch Bischöfe in

Marokko. Die Namen derselben und ihre Geschichte sind uns aufbewahrt.

Der prägnanteste Fürst der Filali-Dynastie war Muley Ismaël, der grausame Bluthund, wie er auch schlechtweg genannt wird, welcher von seinen 8000 Frauen *) 700 Knaben und vielleicht die doppelte Zahl weiblicher Kinder hatte. Er regierte von 1672—1727, also verhältnissmässig lange. Heute wird er als einer der grössten Heiligen in Marokko verehrt, seine Grabstätte in der grossen Moschee von Mikenes ist sogar Asyl.

Es sind uns verschiedene Gesandtschaftsberichte von seinen Abgesandten, sowie von denen aufbewahrt, welche die europäischen Mächte an ihn richteten. Am bekanntesten ist die Gesandtschaft, welche Muley Ismaël an den Roy-soleil schickte.

Er hatte seinen Gesandten Ben-Aissa beauftragt, für den Sultan die Hand der Prinzess von Conti zu erlangen, einer Tochter von Louis XIV. und Mademoiselle de la Vallière. Zu der Zeit schickten die europäischen Mächte eigentlich nur Gesandtschaften, um christliche Sclaven frei zu kaufen oder auszutauschen. Louis XIV. schickte 1682 den Graf St. Armand und 1691 Pidou de Saint Olon nach Marokko. Aus der Beschreibung der Audienzen, welche die Gesandten damals machten, sehen wir, dass sie fast ganz so, wie sie heute noch vor sich gehen, abgehalten wurden. Der Sultan erscheint auf einem schneeweissen, reich aufgeschirrten Hengst, das einemal hat er einen Litham **) vor, das anderemal ist er entschleiert. Die Hauptsache ist, die Geschenke entgegen zu nehmen, welche für damalige Zeit kostbar genug waren; Saint Armand übergab zwei

---

*) Siehe Godard, histoire de Maroc. S. 510 u. f. Die Zahl der Knaben ist vielleicht etwas übertrieben angegeben. Denn wenn auch damals die Juden bei jeder Geburt eines kaiserlichen Kindes eine Abgabe entrichten mussten, so stand ihnen keineswegs eine Controle zu, und häufig genug mögen die Israeliten für ein sultanliches Kind haben zahlen müssen, ohne dass die Geburt stattgehabt hatte.

**) Gebrauch, den die Sultane aus ihrer Heimath Tafilet mit herüber gebracht haben, wo häufig die vornehmen Bewohner nach Art der Tuareg sich verschleiern,

Luxusflinten, zwei grosse Pendeluhren, zwei Dutzend Taschen-
uhren, zwölf Stück Goldstoff und zwölf Stück englisches Tuch.
Natürlich fehlte der Tribut in Gold nicht. Saint Olon über-
reichte dem Sultan ähnliche Geschenke und bemerkt noch, dass
bei der Abschiedsaudienz der Körper des Sultans von Blut be-
spritzt gewesen sei, von Executionen, welche er kurz vorher
eigenhändig an Sclaven zu vollziehen die Gnade gehabt hatte.
Schon zu jener Zeit war es Sitte, dass der Sultan den Herrscher
des jedesmaligen Gesandten mit besonderen Schmeichelnamen
belegte, die anderen aber herabdrückte. So nannte er den
König von Frankreich, den König der Könige, während er gegen
Olon äusserte, der Kaiser von Deutschland sei nur der Gefährte
seiner Kurfürsten, der König von Spanien wäre weniger Herr
in seinem Lande, als die Minister es in Marokko seien, und
der König von England wäre ein vom Parlament abhängiger
Sclave.

In der That schätzten die Sultane von Marokko die Macht
und Grösse der europäischen Herrscher immer nur nach den
Geschenken, welche die Gesandten mitbrachten, und schienen
ihnen diese nicht reich genug, so unterwarfen sie die Gesandten
der schmachvollsten Behandlung. Mitunter ergriffen die europäischen Fürsten Gegenmassregeln; so musste der marokkanische
Abgesandte vor dem König von England barfuss und ohne
Turban erscheinen, weil man den englischen Gesandten gezwungen hatte, barhaupt und barfuss vor dem Sultan seine
Mission abzugeben.

Sehr interessant ist die Beschreibung, welche Olof Agrell
von dem Empfang der Gesandten, Generalconsuln und Consuln
unter den Nachfolgern Muley Ismaëls gibt. Mit einem Worte: die
Repräsentanten sämmtlicher Mächte mussten sich wie die Hunde
behandeln lassen. Man setzte sie zeitweise gefangen, man tödtete
sie, man schändete ihre Frauen, man zerstörte ihre Wohnungen,
kurz es gibt keine Schmach auf Erden, welche diese Repräsentanten der Fürsten Europa's nicht zu erdulden hatten. Und das
von einer Macht, deren Stärke damals schon eben so verfault,

schon ebenso geschwunden war wie heute. Von einer Macht, welche nur dadurch sich Ansehen zu geben wusste nach aussen, weil sie mit der grössten Unverschämtheit Piraterie gegen friedliche europäische Kauffahrer verüben liess, so dass manchmal Tausende jener unglücklichen Christen in einem Jahre in marokkanische Gefangenschaft geriethen.

Uebrigens kam es in jener Zeit oft vor, dass marokkanische Gesandte nicht nach ihrem Vaterlande zurückkehren wollten, wenn sie nämlich nicht reichliche Geschenke zurückbrachten. Die marokkanischen Gesandten wurden natürlich von den europäischen Fürsten beschenkt, waren die Gaben aber gering, oder wenn sie gar eine dem Sultan missliebige Botschaft zu übermitteln hatten, liess dieser sie tödten, oder hatte die Gewogenheit, sie eigenhändig ins bessere Jenseits zu befördern.

Die natürliche Folge davon war, dass die marokkanischen Gesandten ihren Sultan belogen, und zwar auf die unverschämteste Art. Um dem Leser einen Begriff davon zu geben, führe ich eine Stelle an aus dem Bericht des Sidi Abu el Abbes Ahmed Ben Madhi el Ghasal von Fes, Privatsecretär des Sultan Muley Muhammed ben Abd Allah, welcher von 1757 bis 1789 *) den Thron von Marokko einnahm. Nach einer weitläufigen Beschreibung der Städte Spaniens, welche der Gesandte gesehen, berichtet er über eine Tour, welche ihm zu Ehren von Granada aus in die Umgegend gemacht wurde, und nachdem er seine Rede an den König von Spanien mitgetheilt, lässt er den König ihm Folgendes erwidern:

„Ich (der König von Spanien) bin der Diener, der Sclave des Sultans, bereit, die von ihm gegebenen Befehle auszuführen. Diese Geschenke **), womit er mich beehrt hat, sind kostbarer als das ganze Königreich Spanien, bedeutend kostbarer. Man liess darauf die Pferde vorführen und er streichelte jedes Thier,

---

*) Die Gesandtschaft fand statt 1111 der Hedjra oder 1766 unserer Zeitrechnung.
**) Einige Pferde und Kamele.

dann bedeckte er das eine mit seiner Schabracke und küsste
es auf die Stirn. Ich will, so's Gott gefällt, dass sie die Väter
einer edlen Race werden, fügte er hinzu. Auch die Kamele
machten ihm viel Spass. Als Alles beendet war, liess der
König seinen Wagen vorfahren und wollte, ich sollte zuerst ein-
steigen, nur aus Höflichkeit und Ergebenheit gegen unsern Herrn,
den Sultan. Ich weigerte mich, aber der König bestand darauf,
und so stieg ich zuerst ein, Angesichts sämmtlicher Gesandten
der Mächte, welche auch die Worte des Königs hörten." *)

Dass hier nicht nur übertrieben, sondern gelogen ist vom
Gesandten, liegt klar auf der Hand, aber bei seinem Sultan
machte Abu el Abbes sich natürlich durch einen solchen Bericht
angenehm. Derartige Referate machen aber auch heute noch
die marokkanischen Gesandten ihrem Fürsten. In der Anschauungsweise der Beherrscher der Gläubigen und seines Volkes
ist gar keine Aenderung eingetreten. Sie glauben noch immer,
das erste Volk der Welt zu sein, und glauben, dass die christ-
lichen Länder des Sultans Vasallenstaaten sind. Auch im Cere-
moniell des Empfangs der Gesandtschaften hat gar keine Veränderung Platz genommen.

In den letzten Zeiten sind häufig Gesandtschaften ins Innere
des Landes, nach Fes, nach Mikenes und nach Marokko abgegangen, es ist immer dieselbe alte Leier. Der Sultan empfängt
von allen Mächten kostbare Geschenke, dieselben müssen öffentlich übergeben werden, damit das ganze Volk den dem Sultan
gebrachten Tribut sehe, er reitet heran auf einem weissen, reich
aufgeschirrten Pferde, er sagt jedem Gesandten, dass dessen
Herrscher sein bester Freund sei etc. Er weiss aber sehr
wohl, dass er eigentlich nur einen Freund hat, nämlich Grossbritannien.

Nicht etwa, als ob Grossbritannien aus Uneigennützigkeit
Marokko seine Freundschaft böte. Nein, es ist nur das Handels-
interesse, welches England treibt, diesen nordwestlichen Staat

---

*) Revue africaine 1862. S. 105.

Africa's gegen jeden Angriff zu schützen. In früheren Jahren, als der Handel zwischen Marokko und England noch nicht so bedeutend war, namentlich ehe England Gibraltar besass, haben beide Länder oft Krieg miteinander gehabt. Ich erinnere nur daran, dass Grossbritannien einst geraume Zeit Tanger besass.

Aber jetzt, wo Gibraltar ausschliesslich von Marokko verproviantirt wird und ungefähr vier Fünftel des Handels von Marokko in englischen Händen ist, hat sich das geändert. Grossbritannien überwacht so eifersüchtig die Existenz Marokko's, wie die der Türkei.

Da nun in Marokko noch immer der alte Glaube, wenigstens beim Volk, besteht, dass derjenige Staat der mächtigste sei, der die reichsten Geschenke mache, so hat es daran Grossbritannien auch nie fehlen lassen. Was haben je die übrigen Mächte vergleichsweise dagegen gethan, seitdem die Tribute aufgehört haben. Frankreich schon aus Interesse nichts, weil es natürlich Marokko so schwach wie möglich haben will. Man kann sich am besten einen Begriff machen von der Grossartigkeit der englischen Geschenke, wenn ich erwähne, dass vor etwa 15 Jahren ausser v i e l e n Kleinigkeiten eine ganze Pontonbrücke und Instrumente für Janitscharen-Musik geschickt wurden.

In diesem Jahre hat zum erstenmal das deutsche Reich eine Gesandtschaft nach Marokko geschickt, und zwar hat dieselbe wie die französische, mit welcher sie sich unterwegs kreuzte, in Fes selbst die Audienz gehabt. Natürlich hat auch die deutsche Gesandtschaft Geschenke überreicht, der Brauch will das nun einmal so. Gewiss war es aber ein glücklicher Gedanke, in. nähere Beziehung zu Marokko zu treten, dessen Herrscher als ein natürlicher Verbündeter Deutschlands gelten kann. Und nicht nur politisch war es von Bedeutung, mit Marokko in Verbindung zu treten, sondern auch im Interesse des Handels. Der jetzige Sultan Muley Hassan scheint in der That geneigter zu sein als alle seine Vorgänger, mit den europäischen Ländern bessere Beziehungen zu unterhalten und es ist wahrlich nur zu wünschen, dass unsere Kaufleute ihre Augen auch dorthin richten. Von allen Staaten an der Nordküste von Africa ist Marokko am meisten mit Naturproducten gesegnet. Und wenn auch die Bedürfnisslosigkeit der Eingeborenen der europäischen Industrie kein weites Feld eröffnet, so steht nichts im Wege, dass wir die dortigen Producte, besonders Getreide, Hülsenfrüchte, Wolle und Häute, ebenso billig kaufen, wie Engländer und Franzosen, und zum Theil hat wohl die Regierung desshalb die Gesandtschaft geschickt, um geregelte Handelsbeziehungen mit Marokko anzuknüpfen.

Als besonders ehrenhaft für die deutsche Gesandtschaft muss noch hervorgehoben werden, dass einige erfreuliche Resultate ' auch für die Wissenschaft gewonnen wurden. Zwischen Mikenes und Serone wurde von Dr. Mohr eine lateinische Inschrift entdeckt, welche es unzweifelhaft macht, dass Volubilis und das heutige Serone, sowie das mittelalterliche Valili ein und dieselbe Stätte sind *). Zum erstenmal ist auch der Djebel Salah gemessen. Dieser mächtige Berg, der unmittelbar Fes überragt, wurde 550m relativ hoch gefunden.

Es ist dies das erstemal, dass eine nach Marokko geschickte Gesandtschaft wissenschaftliche Erfolge aufweisen konnte, und wir können stolz darauf sein, dass es die deutsche war.

---

*) Nach Professor Willmanns in Strassburg wird die Inschrift, ergänzt, etwa so zu lesen sein: Quinto Caecilio Quinti filio Domitiano Claudia (tribu) volubili[t]ano , decurioni municipii Volubili[t]ani annorum XX (oder XXX) Quintus Caecilius . . . . . . et Caecilia Antoniana parentes filio piissimo posuerunt. Mommsen liest den Schlusssatz: et Antonia Natalis filio piissimo posuerunt, und fügt hinzu, dass diese westlichste Inschrift von Africa von hohem Interesse sei.

Tekna und Nun.

Durch die Unternehmungen der Herren Mackenzie und
Skertchly, welche bekanntlich den Djuf unterwässern wollten,
ist die Aufmerksamkeit der geographischen Welt wieder auf die
westliche, namentlich auf die nordwestliche Sahara gelenkt
worden. Und wenn Schreiber dieses auch schon hervorgehoben
hat, dass eine solche Inundation unmöglich sei, abgesehen von
der Zwecklosigkeit derselben, so soll versucht werden, durch
nachstehende Auseinandersetzung klar zu legen, dass der westliche Theil der Sahara keineswegs so wüstenhaft ist, wie man
sich denselben in der Regel denkt und nach den existirenden
Karten dazu auch berechtigt zu sein scheint.

Joachim Gatell, Spanischer Artillerie-Officier, weilte mit
mir in den Jahren 1861—63 zusammen in Marokko, und nachdem ich meine erste Reise vollendet und 1864 meine zweite
Reise nach Marokko machte, überstieg er ein Jahr darauf von
der Hauptstadt Marokko aus den Atlas, und über Tarudant
nach Süden dringend, erreichte er die Seggia el Hamra. Als
Erster gab er uns ein richtiges Bild dieses bedeutenden Flusses,
legte namentlich klar, dass die Seggia ein eigner Fluss und
nicht ein Nebenfluss des Draa sei. Gatell's Beobachtungen sind
niedergelegt im Bulletin de la Société de Géographie, Octbr. 1869.
Hätte Herr Mackenzie diese Arbeit gekannt, würde er wohl nie
mit seinem Plan hervorgetreten sein, denn nach dem Geographical Magazine von Clements Markham ist sein Belta-Fluss
nichts Anderes als der ¡Draa. Weshalb er denselben Belta
nennt und von einer Vförmigen Ausmündung spricht, weshalb
er, ohne Gatell's Arbeit zu kennen, ein Relief dieses Theiles
von Africa öffentlich in London auszustellen wagte, ist bis heute
immer noch ein Räthsel. Von der Exploration, welche so viel
Lärm machte, ist denn auch bedauerlicher Weise Nichts geworden.
Nach Cameron's eigenen Worten, welche dieser berühmte Eng-

lische Reisende auf dem Brüsseler Congress zum Schreiber dieses äusserte, war das ganze Unternehmen Humbug. Ich würde eher geneigt sein, es für Uebereilung zu halten; sanguinische Speculation, in dem unbekannten Continent Hoffnungen sich verwirklichen zu sehen, welche man anderswo vergeblich gesucht hatte, war die Triebfeder.

Es ist das traurig! Denn Tausende von Pfund Sterling sind vergeudet worden für Nichts, während damit eine der fruchtbringendsten Expeditionen hätte ausgeführt werden können. Eben so berechtigt wie eine Erforschung der arktischen und antarktischen Gegenden unseres Planeten jedem denkenden Geographen erscheint, eben so werthvoll ist eine Exploration der ganzen Sahara. Es ist eine Schande, dass ein Gebiet, fast so gross wie ganz Europa und gleich südlich von unserm Continent gelegen, noch so gut wie ganz unbekannt ist. Aber die Zeit ist auch nahe, wo dieses Stück Erde erschlossen sein wird und müssen wir dankbar anerkennen, dass immer und immer wieder Männer uneigennützig ihr Leben auf's Spiel setzen, um jene Nichts versprechenden Gegenden zu durchforschen: v. Bary, Largeau, Léon Say und viele Andere.

Fast scheint es aber, als ob die westliche Sahara lange nicht jenen trostlosen, wasserarmen Character habe als die östliche, die Libysche Wüste. In der Atlantischen Wüste dürften kaum Strecken zu finden sein, in denen man 14 Tagemärsche zu marschiren hätte, ohne auf einen Brunnen oder Quell zu stossen. Die Einflüsse der von Norden und Nordwesten kommenden feuchten Seewinde wirken natürlich, und aus Gatell's Beobachtungen entnehmen wir sogar, dass die feuchten Winde des Mittelmeeres selbst südwärts vom Atlas noch Regen niederschlagen.

Daher wundert es uns auch gar nicht, wenn Panet so günstige Schilderungen von diesem Theile der Sahara entwirft, so dass man wohl berechtigt ist zu der Annahme: von der Küste her bis zum 12° W. L. v. Gr. ist gar kein Saharisches Gebiet. So sagt Panet, als er sich unter dem 20° N. Br. be-

fand, von den Bergen bei Tamagut *): „Mehrere Berge lehnen
sich gegen diese letztere Kette und lassen zwischen sich Thäler,
in denen Lianen, Portulak und einige andere Kräuter im Glanz
ihres Grüns wetteifern." Von der Oase Aderer zählt Panet die
Producte auf, welche sie hervorbringt, und wenn er dann nach
Norden ziehend in der Schilderung fortfährt, erhält man nirgends
den Eindruck, als ob man sich in der Wüste befinde. Ja, ich
glaube kaum, dass Aderer als Oase bezeichnet werden kann,
sondern eher den Eindruck vor-Sudanischen Gebietes macht.
Und wenn Barth, der nach Hörensagen berichtet, sagt: „Aderer
wird im Norden von dem schrecklichen Gürtel von Sandhügeln
umsäumt, die den Namen Magh-ter führen" etc., so sagt Panet
aber nach eigener Anschauung und Erfahrung: „Bei Ausis
(dies ist gleich nördlich von Aderer) ist die Vegetation schön,
und etwas nördlich davon beim Brunnen Turin finden die
Kamele reichliches grünes Futter." Nach einer Strecke von
vier Tagemärschen erreichte Panet dann mit dem 26° N. Br.
vollkommen fruchtbaren und kultivirbaren Boden.

Beim Gelb-el-Hammar **) (circa 25° 30′ N. Br.) fand Panet,
dass dieser Berg trotz seiner ansehnlichen Höhe, wenn man sich
ihm näherte, hinter den Masten von Mimosen, die hier ringsum
wachsen, verborgen blieb. Mit dem 26° N. Br. ist factisch die
Wüste überwunden. In gleicher Höhe mit Kap Bojador hat die
Sahara ihr Ende erreicht, abgesehen davon, dass wir auch weiter
nach dem Süden zu der ganzen Gegend den Charakter der

---

*) Leopold Panet's Reise durch die grosse Wüste.
**) Gelb-el-Hammar, dabei steht in den Geogr. Mitth., also aus dem
Französischen übersetzt: d. h. Herz der Seele. Diese Uebersetzung ist aber
offenbar irrthümlich. Gelb heisst allerdings Herz, aber auch Bauch, oder
Einsenkung. In der Saharisch-Arabischen geographischen Terminologie ist
„rothe Einsenkung" die einzige richtige Uebersetzung. Wenn übrigens Panet
statt gelb, Herz, Inneres oder Einsenkung, vielleicht kelb, d. h. Hund,
hätte hören müssen, so würde das in der Uebersetzung „rother Hund" be-
deuten. Und diess scheint fast das Richtigere zu sein, denn gerade in der
Wüste sind die Benennungen Schaf, Hund etc. bei Bergen, um die Gestalt
anzudeuten, sehr gebräuchlich.

Wüste nicht zuschreiben möchten. Je mehr wir also die Sahara kennen lernen, desto mehr schrumpft sie zusammen. . Als Panet dann in's Gebiet der Seggia Hamra' kam, schildert er diese mit kräftigen Mimosen bewachsene Landschaft: „Die Ufer des Terni (ein Nebenfluss der Seggia Hamra, nach dieser hat die ganze Landschaft ihren Namen) sind mit Mimosen bewachsen und anderen verkrüppelten Bäumen, unter deren Schatten sich ein frischer Teppich gelber und blauer Blumen ausbreitete. Ziegen, Gazellen und Sultan-Hühner gingen hier schweigend umher, die Schwalbe, die Freundin der Reisenden, flatterte von Zweig zu Zweig, und die Nachtigall sang ihr ewiges Klagelied" etc.

Von der Seggia el Hamra als selbstständigem Fluss, von der Schpika, als nicht in den Draa mündend, von der Draa-Mündung selbst, von dem Assaka-Fluss etc. giebt uns Gatell zuerst genaue Kunde.

Nun- und Tekna-Landschaft lassen sich ganz gut zusammen betrachten und haben auch ihre natürliche Begrenzung. Im Norden bildet der Assaka-Fluss, welcher auf den Karten gewöhnlich als Ued Nun verzeichnet steht, die vorgeschriebene Grenze. Im Süden zieht die Seggia die Grenzlinie. Sie mündet ein circa auf dem 27° 30′ N. Br. und 13° W. L. v. Gr. Früher liessen alle Karten die Seggia in die Mündung des Draa, also mehr als einen Grad nördlich und fast 2° östlich fliessen. Alle Karten, selbst die neuesten, stellen die hydrographischen Verhältnisse so dar. Und dies Einmünden der Seggia in die Draa-Mündung veranlasste Mackenzie, von der Vförmigen Einsenkung zu sprechen. Auch die sonst vortreffliche Karte von Ravenstein im Geographical Magazine vom Januar 1876 hat noch diese veraltete Darstellung.

Während man unter Tekna die ganze Küste und das nächst gelegene innere Land zwischen Assaka und Seggia begreift, ist die Nun-Landschaft gebildet vom Assaka-Flussgebiet. Dazu kommt noch die Landschaft Asuafit im Süden vom Nun-Gebiet und ebenfalls abhängig vom Assaka-Fluss.

Was die Etymologie des Namens Nun anbetrifft, so erzählt Gatell, es habe eine Sultania Rumia, oder eine christliche Königin Nuna geheissen und diese habe in alten Zeiten sich der Landschaft bemächtigt und derselben dann ihren Namen mitgetheilt. Jetzt giebt es bloss noch Ruinen, welche diesen Namen.haben, eine halbe Stunde südlich von Tiluint, nahe beim Ort, wo der Ued Siad sich in die Assaka ergiesst. Die Ruinen lassen auf europäische Baumeister schliessen. Man nennt sie auch Aguïdir, d. h. Klein-Agadir.

Uebrigens wird Nun schon von den alten Schriftstellern erwähnt, manchmal auch Nul und Nuk genannt. Edris legt es drei Tagemärsche vom Meer und eben so viel von Segelmesa ab. Eine Stadt Namens Nun giebt es jetzt nicht mehr. Die alten Geographen nennen aber alle eine solche Stadt, und auch die neueren, wie Höst und Gråberg von Hemsö. Selbst Panet berichtet von einer „Stadt" Nun. Zweifellos ist aber Panet's Stadt „Nun" Ogilmim Gatell's. Aus der ganzen Beschreibung geht das hervor. Wie oft die Hauptstadt des Landes nach diesem, oder die Landschaft nach der Hauptstadt genannt wird, ist ja zur Genüge bekannt.

Während die besprochene Landschaft im Westen natürlich vom Ocean begrenzt wird, ist nach Osten hin keine bestimmte Abgrenzung. Gebirge, Hochland, oft fruchtbare Ebenen, dann wieder Hammada-artige Ebenen verlieren sich allmählich in vollkommen vegetationsloses Gebiet.

Die Abdachung der Landschaft ist durchaus nach West. Die Küste fällt zum Theil steil in den Ocean, wie zwischen der Assaka-Mündung und der des Buissiffen, zum Theil hat sie einen 4 bis 5 Kilometer breiten Strand vorgelagert, wie z. B. el Boëda zwischen den Flüssen Buissiffen und Aoreora oder el Uatia zwischen der Mündung des Draa und der Saibakharsa. Oft kann man unmittelbar am Meere, beim Graben in den Sand auf das vollkommen süsseste Wasser stossen, Beweis der starken unterirdischen Strömung. Diess ist z. B. der Fall am Boëda- und el Uatia-Strand. Auch findet man reich-

liche Salzlager. Diess ist der Fall am Anabedus- und Abuïdilat-
Strand, östlich vom Kap Suby. Und ganz wie im Osten der
Sahara bezeichnet man diese Salzablagerungen mit Tarfaya.
Interessant ist es, dass die Eingeborenen auch hier Sahel
und Tell unterscheiden, wie an der Mittelmeer-Küste. Sahel ist
die dem Meere zunächst gelegene Ebene, Tell das fruchtbare
Gebirgsland.

Aber wenn man die steile Küste Tagertilts erklommen hat,
findet man die eigentliche Nun-Landschaft, so wie Asuafit als
ebenes Gebiet, wenigstens kann von Gebirgen nicht die Rede
sein. Eingefasst aber ist diese Region von Bergen. So notiren
wir im SW. von Nun den Tamsuk-Berg, und auf Gatell's Karte
stehen im Süden und Osten ebenfalls Berge benannt. Die
Topographie von Tekna oder Aït Djemel, wie es auch genannt
wird, ist sehr verschieden, wie oben schon angedeutet ist.

Es würde zu weit führen, sämmtliche Flüsse, welche diese
Küste durchbrechen, die circa 350 Kilometer Längenausdehnung
hat, namhaft zu machen. Näher wollen wir nur die vier bedeutendsten betrachten: die Assaka, den Draa, den Schpika
und die Seggia el Hamra.

Die Assaka, welche auch nach der ganzen Landschaft
Nun genannt wird, bildet sich aus verschiedenen Zuflüssen,
von diesen nennen wir den Ssiad, den Mekta Sfi, den Kharna etc.
Dieses Stromgebiet hat den Namen Uadi Nun. Es liegt also
dicht an der Küste. Der guten Bewässerung so wie des fruchtbaren Bodens wegen ist hier die dichteste Bevölkerung und die
Schiuch (pl. von Schich) von Nun sind zugleich Oberherrn des
ganzen Tekna-Gebietes, d. h. der Küste so wie der Asuafit-
Landschaft im Süden von Nun.

Der Draa ist jedenfalls der mächtigste Strom, nicht nur
dieser Landschaft, sondern ganz Marokko's. Seine Länge wird
von Renou als um ein Sechstel länger als die des Rheines angegeben. Panet, der den Draa ungefähr 100 Kilometer von der
Mündung entfernt überschritt, sagt von demselben: „Das Wasser
stand 60 bis 70 Centimeter hoch, sein Lauf war von West

nach Ost gerichtet und in der Breite kam er der Seine bei
Paris (circa 150 Meter) gleich. Die Ufer sind theils waldlos,
theils mit Bäumen besetzt, unter denen sich mannichfaltige
Blumen- und Orleander-Gebüsche entwickeln." Gatell, welcher
den Draa dicht an seiner Mündung überschritt, sagt: „Die
Ufer dieses Flusses haben eine Erhöhung von 50 Meter und die
Entfernung der beiden wahren Ufer von einander beträgt 190
bis 2000 Meter; aber der Wasserlauf nimmt eine bedeutend
geringere Breite ein. Der Draa hat wenig Gefälle und führt
viel Schlick mit sich. ³/₄ Stunde von der Mündung ist eine
Furt, Elbrija genannt. Eine Stunde weiter aufwärts befindet
sich eine zweite Furt, Namens Bukadia. Eine dritte Furt,
Chammar genannt, ist 2¹/₂ Stunde stromaufwärts." Am 2. März
1865 musste Gatell bei Chammar den Fluss durchschwimmen,
da derselbe von Regengüssen angeschwollen war. Die Breite
des fliessenden Wassers giebt er zu 150 Meter an, meint aber,
für gewöhnlich sei dieselbe nur 30 Meter. Das Wasser war
circa 5 Fuss tief.

Dadurch dass man zu Panet's Zeit die Seggia noch in
die Draa-Mündung sich ergiessen lässt, ist es gekommen, dass
die Schpika ebenfalls auf den Karten in den Draa mündend
eingetragen worden ist. Pahet giebt uns die erste Kunde von
der Schpika, aber er sagt deutlich im Jahrg. 1859 der „Geogr.
Mitth." S. 110: „der Fluss Akel, der sich mit der Schibeika
vereinigt in den Ocean ergiesst". Da Panet von der Seggia
Hamra Nichts erwähnte und man annahm, dass dieselbe in den
Draa münde, war man gezwungen, die Schpika auch in den
Draa zu senden. Von Gatell ist die Hydrographie nun genau
klar gelegt; er legt die Mündung dieses Flusses ungefähr unter
den 14° W. L. v. Paris und circa 28° 25′ N. Br. Panet sagt
von der Schpika: „er wird in einer Ausdehnung von mehr als
200 Meter von zwei Mimosen-Hecken eingebettet, deren herab-
hängende Zweige dem ermüdeten Wanderer einen angenehmen
Schutz gegen die brennenden Sonnenstrahlen gewähren; im
Frühjahr (Mitte April) führt der Fluss nur sehr wenig brakisches,

7 *

stagnirendes Wasser, aber in der Regenzeit müssen sich seine
Wasser um etwa 1 Meter heben." Gatell, der den Fluss an
seiner Mündung einen Monat früher überschritt, fand ihn hinlänglich mit Wasser versehen; die Breite des Flusses giebt er
zu 300 Meter an. Das fliessende Wasser selbst war 6 bis 14
Meter breit, 225 Meter von der Mündung war die Schpika noch
ziemlich tief. Das Wasser war salzig.

Was die Seggia el Hamra anbetrifft, so ist das Bett derselben so breit und tief, wie das des Draa, aber vollkommen
versandet. Erst weit vom Meere hat die Seggia fliessendes
Wasser.

Im Ganzen ergiessen sich 24 Flüsse in den Landschaften
von Tekna und Nun in den Ocean, von welchen 10 in allen
Jahreszeiten Wasser halten.

Das Klima in Nun und Tekna kann entschieden als ein
gesundes bezeichnet werden, wenn auch die Wärme bedeutender
ist als in den Ländern nördlich vom Atlas. Im Winter herrscht
eine gemässigte Temperatur. Die Extreme dürften dann sein:
grösste Kälte + 5° C., grösste Wärme + 20° C. Dass auch
die Mittelmeerwinde trotz des hohen Atlas noch regenschwanger
hinkommen, ist aus dem Tagebuch Gatell's zu ersehen: am 28.
und 29. Januar regnete es mit Nordostwind.

An Producten könnte gewiss viel mehr hervorgebracht
werden, als es jetzt der Fall ist. Korn, besonders Gerste, bilden
jetzt den Hauptreichthum des Landes. Gemüse wird wenig
gebaut. Feigen, Datteln, Trauben, Granatäpfel werden gezogen,
und von den wilden Bäumen ist hauptsächlich der Argan-Oelbaum
zu erwähnen. Sodann nennt Gatell einen Baum Dagmus, Tikiut
in Schellah genannt. Er wird von ihm als eine Art Cactus
beschrieben, dessen Stauden, ähnlich dem Schlangenkraut in
den Gärten, kurz und compact aufschiessen und von sphärischer
Form sind. Der Saft der Pflanze ist milchig und ein Tröpfchen
davon im Munde bringt ein unerträglich brennendes Gefühl
hervor. Die Blume des Dagmus ist roth, der von den Bienen
daraus gezogene Honig ist nicht so süss, wie der aus anderen

Blumen, aber er scheint keine schädlichen Wirkungen zu haben.
Die Eingeborenen geniessen ihn mit Butter vermischt. Dass
Mimosen zahlreich vorhanden sind, ersehen wir aus Panet's
Berichten; derselbe lobt auch sehr den dort gebauten Taback.
Neben Korn und Taback, welche ausgeführt werden könnten,
sind die grossen Heerden von Kamelen, Schafen und Ziegen
der Stolz der Bewohner. Ihren Haupterwerb haben sie aber
aus ihrem Handel: Gummi, Straussenfedern, Elfenbein, Goldstaub
und Sclaven, welche aus der Wüste und aus dem Süden geholt
und nach Mogador geschafft werden. Die Industrie liegt ganz
in der Kindheit. In der Hauptstadt von Nun sind Tischler,
Schmiede, Seifenfabrikanten, Maurer, Gerber, Goldschmiede,
Mattenflechter und Wollweber.

Gatell sagt, alle Bewohner Nun's und Tekna's seien
Araber, nur in Nun gäbe es viele Individuen, welche Schellah
sprächen. Diess ist jedenfalls mit Vorsicht aufzunehmen. Im
Gegentheil, den Benennungen der Oertlichkeiten, der Flüsse,
Berge, der Volksstämme nach würde ich eher glauben, wir hätten
es hier überwiegender mit Berbern als mit Arabern zu thun.
Die Bewohner zerfallen in sesshafte und umherziehende. Sesshafte giebt es nur in Nun und Assuafit. Die ganze Tekna-
Landschaft und das nach Osten sich ausdehnende Gebiet hat
nur Zeltbewohner oder, wie Gatell sagt, Kabylen. Ich führe
hier an, dass in Nord-Africa der sesshafte Gebirgsbewohner
Kabyle genannt wird. Keineswegs möchte ich aber gesagt
haben wollen, dass die nicht in Nun und Asuafit sich befindenden
Stämme nur aus Berbern bestehen, denn wenn auch ohne Zweifel
die meisten, wie die Ait Mussa-ua-Aly, Ait Hassan, Ait Saad
etc. Berber sind, so würden wohl die Uled Delim, Uled Bu Aita
arabischen Ursprungs sein. Die Araber in Marokko oder West-
Africa setzen nie Ait vor ihren Familiennamen, sondern nur die
Berber. Es giebt aber allerdings Berber-Stämme, die statt Ait
ihrem Stamm Uled vorsetzen. Mit Bestimmtheit darf man deshalb die Uled Delim nicht zu den Arabern zählen, sondern
kann nur die Vermuthung aussprechen.

Es giebt im Ganzen in Nun und Tekna 30 Stämme mit 7700 Zelten; abgesehen von diesen giebt es noch viele unabhängige Stämme, welche bald innerhalb des Tekna-Gebietes lagern, bald ausserhalb. Hierin ist nicht begriffen die sesshafte Bevölkerung. Rechnet man auf ein Zelt vier Personen (Gatell rechnet fünf Seelen), so giebt das eine Gesammtzahl von circa 31,000 Menschen — eine ungemein schwache Bevölkerung im Verhältniss zur Grösse des Landes.

An Ortschaften haben wir zunächst die Hauptstadt vom Nun-Gebiet, Ogilmim genannt, zu betrachten. Die Stadt hat 600 Häuser und etwa 3000 Seelen. Es giebt drei Moscheen ohne Minaret; das Volk betet aber gewöhnlich — wie man das überhaupt südlich vom Atlas zu thun pflegt — auf öffentlichen Plätzen im Freien. Es giebt hier keine Sauya. Der Marktplatz ist inmitten der Stadt, nahe beim Judenquartier. Die Stadt ist nicht befestigt und zerfällt in drei Theile: die Kasbah, Aagader und Alkassas. In letzterem Theile wohnen die meisten Menschen. Im Norden von Alkassas haben die Juden ihre Milha, welche Nachts verschlossen wird; es giebt etwa 100 Israeliten. Die Stadt ist gut mit Wasser versorgt und von Obst- und Gemüsegärten umgeben.

Die zweite Ortschaft Nun's ist Tisguant mit etwa 100 Häusern und einer Kasbah; dann Elkassabi mit circa 90 Wohnungen; hier befindet sich die Sauya des Sidi Ali Omar Amram. Zur Zeit Panet's muss Alkassabi bedeutender gewesen sein, denn er sagt, es stände Nun (Ogilmim) an Grösse nicht nach. Derselbe sagt auch, dass der Ort von dem Ait Hassan bewohnt würde. Der Ort Abuda hat nur 40 Häuser und Labiar, an der Quelle des Buissiffen circa 23 Kilometer von Ogilmim entfernt gelegen, hat gar nur 7 Häuser. Endlich giebt es noch eine Oertlichkeit Namens Dschra, welche aus einem einzigen Haus besteht.

Im Gebiet von Asuafit giebt es drei Ortschaften: Tiqemert mit 200 Häusern, Sitz des Schichs von Asuafit; Asserir mit 80 Häusern und Uarun mit 100 Häusern. Nach Norden zu

liegen noch die drei Ortschaften Tiluint mit 150 Häusern, Tum-
Agug mit 13 Wohnungen und Igissel mit 4 Feuerstellen. Diese
drei Oerter werden aber schon zu Sus gerechnet.

Die Regierung besteht in Nun aus einem Schich, der
in Ogilmim regiert, seine Brüder haben aber fast eben so viel
Ansehen. In Asuafit herrscht ein anderer unabhängiger Schich.
Die Nomaden haben ihre Stammesältesten, müssen sich aber,
kommen sie nach Nun oder Tekna, den Entscheidungen der
dortigen Schichs unterwerfen. Man erzählte Gatell, Nun und
Asuafit könnten 10,000 bewaffnete Männer stellen, aber er glaubt,
über 6600 mit Flinten versehene Männer dürfe man wohl nicht
annehmen. Pferde dürften nicht mehr als 800 aufzutreiben sein,
während etwa 11,550 Kameele und 460,000 Stück Schafe oder
Ziegen auf die Weide getrieben werden.

Die Sitten der Bewohner von Nun sind ähnlich wie die
der Einwohner von Sus. Die Tekna-Leute hingegen haben
als nirgends lange Zeit sich festsetzende Leute die Sitten der
Wüsten-Nomaden. Alle Tekna-Leute, auch die meisten von
Nun und Asuafit, kleiden sich mit blau-baumwollenem Zeug,
Chut genannt, woraus sie ihr Kleidungsstück verfertigen. Bei
den Männern besteht dies in einem Haik und einer Hose. Mit
dem Haik wickeln sie sich vom Kopf bis zu den Füssen ein.
Die Frauen kleiden sich fast eben so, haben aber anstatt der
Hosen ein Röckchen. Fast niemals werden Hemden angezogen.
Die Frauen sind überladen mit grossen Hals- und Armbändern
aus Glasperlen, Muscheln oder ähnlichen Dingen. Die reichen
Leute tragen eine Art Kaftan oder ein Kleid aus breitem Chut,
gestickt mit Seide. Die Männer gehen meist barhaupt, lassen
sich aber ihr krauses schwarzes Haar wachsen; sie barbieren sich
und lassen blos einen schmalen Bartstreifen stehen; ihren Schnurr-
bart schneiden sie so ab, dass man ihn kaum noch sehen kann.

Die Tekna-Leute essen im Allgemeinen nur ein Mal, des
Abends nach Sonnenuntergang; Morgens trinken sie Kamel-
milch oder Buttermilch, „Leben" genannt. Gewöhnlich essen

wie Gerstenmehl, mit heissem Wasser angerührt und mit Salz gewürzt. Dieser Teig, in eine grosse hölzerne Schüssel gethan, wird oben eingedrückt und in die Höhlung giesst man Oel, oder Buttermilch, oder Milch, oder geschmolzenes Fett. Diess Gericht nennt man asch *), eine Speise, welche in der ganzen Sahara verbreitet ist. Man hockt um die Schüssel herum, man macht mit der Rechten einen runden Bissen, taucht oder stippt ihn in die Flüssigkeit und schlingt ihn hinab. Ein lautes Aufstossen am Ende der Mahlzeit darf nie unterlassen werden. Auch Heuschrecken und Kamelfleisch werden gegessen. Unterwegs isst man asometa, d. h. geröstete, zu Mehl geriebene Gerste, welche mit Wasser oder mit Oel zu einem Teig geknetet wird.

Die Bewohner rauchen gern eine Pfeife, diese ist meist kurz und wird aus einem schwarzen, sehr harten Holz, Sangu genannt, verfertigt, welches vom Sudan kommt.

Niemand geht ohne Doppelflinte, welche von Senegambien geholt werden. Von Charakter sind sie nicht so selbstständig und fanatisch wie die Sus-Bewohner. Gatell weilte unter ihnen, ohne zu verheimlichen, dass er Christ sei, und war doch keinen Unannehmlichkeiten ausgesetzt. Natürlich muss man mit der Sprache vertraut sein und verstehen, sich in ihre Anschauungsweise zu schicken.

Indem wir somit ein genaueres Bild der Verhältnisse südlich von Marokko gewonnen haben, erübrigt uns noch Eins, nämlich darauf hinzuweisen, wie ungeheuer gefährlich jener flache Strand für die Schiffahrt ist. Nach Gatell ist derselbe stets mit Trümmern untergegangener Fahrzeuge bedeckt. Wie manches Schiff mag hier seinen Untergang gefunden haben, und Niemand hat je Kunde davon erhalten. Und was das Schlimmste ist: die Mannschaft wird in Sclaverei geführt. Dem kann nur dadurch abgeholfen werden, dass man Leuchtthürme errichtet. Man könnte sie, da Leuchtthürme ohnedies aus dem stärksten Material erbaut werden müssen, der Art einrichten,

---

*) oder aisch.

dass die Insassen vollkommen geschützt wären gegen etwaige
Ueberfälle oder Angriffe Seitens der Eingeborenen. Wenn dann
zugleich in diesen Leuchtthürmen Handels-Comptoire errichtet
würden, wenn zugleich damit meteorologische Beobachtungs-
stationen verknüpft würden, könnte Niemand den immensen
Nutzen derselben leugnen, und die Kosten würden nach und
nach, — davon sind wir fest überzeugt — vollkommen durch
den Waarenaustausch beglichen werden. Da die Küste weder
Marokko noch einer Europäischen Nation gehört, haben nicht
nur jedes Land, sondern auch Private oder Gesellschaften das
Recht, dort derartige Stationen zu errichten.

Der Lethe.

Der „verborgene" Strom! Der Strom der Vergessenheit!
Wenigen Sterblichen ist es beschieden, aus ihm zu trinken,
Wenigen ist es vergönnt, über ihn zu setzen und an die Ober-
welt wie Odysseus und Orpheus zurückzukehren! Wie Mancher
aber würde gern einen Trunk Lethewasser nehmen, um Dinge
und Schicksale, die ihn im Laufe seines Lebens bekümmerten,
um Thaten, die er selbst gern ungeschehen machen möchte, in
den Strom der Vergessenheit zu versenken. Mancher würde gern
aus dem Lethe trinken, wenn er nicht befürchtete, mit der
Vergesslichkeit des Bösen zugleich die des Guten erkaufen zu
müssen. Erinnerung! Das ist es ja, was bei Manchem einzig
und allein die Existenz noch wünschenswerth erscheinen lässt.
Und liegt es doch in der menschlichen Natur, dass das Ange-
nehme stets wieder auftaucht, während das Unangenehme, auch
ohne dass man Lethewasser zu Hilfe nimmt, sich mehr und mehr
verschleiert und in immer weitere Fernen gerückt wird. Ja,
ich glaube, dass selbst bei Vielen das Gefühl vorherrscht, dass

sie auch nicht die unangenehmsten Ereignisse aus ihrem Dasein verwischt haben möchten, sondern sogar in den schrecklichsten Episoden ihres Lebens schliesslich eine Genugthuung, ich will nicht sagen, einen Trost erblicken können.

Der Lethefluss hat übrigens heute auch ganz seine Eigenschaft verloren und ohne befürchten zu müssen, seine ganze Vergangenheit zu vergessen, kann man vom klaren Wasser dieses unterweltlichen Baches trinken. Sollten sich im Alterthume unsere geistigen Vorfahren nicht haben überzeugen können von dieser Ungefährlichkeit?! Hören wir den Dichter der Verwandlungen:

Nächst den Cimmeriern ist die lang eingehende Steinkluft *)
Tief in den Berg, wo hauset der unbetriebsame Schlafgott.
Nimmer erreicht, aufgehend, am Mittag, oder sich senkend,
Phöbus mit Strahlen den Ort. Ein matt umdüsternder Nebel,
Haucht vom Tempel empor, und Dämmerung zweifelnden Lichtes.
Kein wachhaltender Vogel mit purperkammigem Antlitz
Kräht die Aurora herauf: auch stört durch Laute die Stille
Kein sorgfältiger Hund, noch die aufmerksamere Hofgans.
Weder Gewild noch Vieh, noch von Luft geregete Zweige,
Geben Geräusch, noch Rede, von menschlichen Zungen gewechselt.
Stumm dort wohnet die Ruh. Doch hervor am Fusse des Felsens
Rinnt ein lethäischer Bach, durch den mit leisem Gemurmel
Ueber die Kieselchen rauscht die sanft einschläfernde Welle.
Rings um die Pforte der Gruft sind wuchernde Blumen des Mohnes
Und unzählbare Kräuter, woraus sich Milch zur Betäubung
Sammelt die Nacht, und thauig die dumpfigen Lande besprenget.

So wie Ovid den Lethe schildert, existirt er noch heute. Aber merkwürdig, obschon die Bewohner Bengasis Kenntniss haben von diesem im Alterthum so denkwürdigen Strom, geben sich die wenigsten die Mühe, zur Grotte hinzupilgern. Und doch ist er so nahe; nur etwa acht Kilometer ist der Eingang zur Unterwelt vom alten Berenike, vom heutigen Bengasi entfernt.

---

*) Nach der Voss'schen Uebersetzung des Ovid. — Die Cimmerier wohnten nach Homer am westlichen Oceanus um den Eingang der Unterwelt, durch Gebirge der Sonne beraubt; nach Ovid bei den Sguteren weiter nach Nordwest am Oceanrand.

Mich hielt nichts; kaum hatte ich einige Tage geruht von
den angestrengten Märschen und Ritten, als ich eine ganze
Gesellschaft zusammenlud, mich zum Strome der ewigen Vergessenheit zu begleiten. Herren und Damen, Juden, Christen
und Mohamedaner — alle wollten die wunderbare Kraft des
Wassers erproben, und Viele glaubten wirklich an die Eigenschaft des Lethe!? Pferde, Maulthiere und Esel wurden requirirt,
sogar zwei Karren mitgenommen, um den nothwendigen Proviant
fortzuschaffen, und Morgens um 8 Uhr ging es fort, und bald
lag Bengasi, seine Palmenhaine im Rücken und auch der blaue
Ocean entschwand den Blicken.

Man ritt östlich etwas zu Nord, und zwar ging der Weg
dahin durch eine öde und ziemlich nackte Gedend. Aber vor
Einem das Gebirge, und rechts und links vom Wege die zahlreichen Ueberreste der Bauten von Griechen und Römern: hier
steinerne Einfriedigungen, dort Steinbrüche, hier Stelen, dort
Sarkophage etc., Alles das nimmt die ganze Aufmerksamkeit des
Reisenden in Anspruch. Und gerade aus den vielen massiven
Einzäunungen darf man schliessen, dass einst hier eine ganz
andere Vegetation geherrscht haben muss, als jetzt, wo vom
nackten Boden aller Humus fortgeschwemmt ist. Hier waren
die Hesperiden-Gärten? fragt der erstaunte Wanderer, und nirgends
ist jetzt auch nur ein Baum oder Strauch zu sehen; nur spärliche
Pflanzen zeigen sich hie und da zwischen den Spalten des felsigen Bodens und werden von halbverhungerten Schafen abge-
weidet. So ziehen wir weiter — plötzlich öffnet sich zu ebener
Erde, aber im felsigen Boden, ein Schlund. Steil geht es in die
Erde hinein und im Hintergrunde wölbt sich eine dunkle Höhle.
Wir haben den Eingang zur Unterwelt erreicht. Der Anblick
ist in der That imponirend und so grossartig, dass man zum
Glauben geneigt sein könnte, man habe es mit einem Kunst-
gebilde zu thun. Aber es ist die Natur, welche dies Wunder
geschaffen hat. Die Feuchtigkeit des Lethe selbst hat eben
ein üppiges Grün geschaffen am Anfange der Oeffnung; Erd-
beerbaum, Lentisken, Myrthen, Feigen und Johannisbrod drängen

sich zwischen den Felsblöcken hervor, und ganz [am Eingange
konnte ich einen grossen Strauss lieblich duftender Alpenveilchen
(Cyclamen) sammeln! Alpenveilchen in Cyrenaika!
Jetzt ging's hinein. Die äussere Höhle verengt sich nach
Innen trichterartig, so dass zuletzt die Felsen sich auf Mannes-
höhe dem Boden nähern; weiter gehend, senkt sich vollkommene
Dunkelheit auf den Wanderer, und durch eine Wendung wird
das dürftig einfallende Tageslicht schliesslich ganz vom unterirdischen Raume ausgeschlossen. Nur nach längerem Verweilen
gewöhnt sich das Auge allmählich daran, auch in der Finsterniss die Gegenstände zu unterscheiden. Man erreicht nun den
Fluss selbst, der klar und ruhig vor Einem liegt; ein mitge-
brachtes kleines Boot wird bestiegen, und das Sondiren mit
den Rudern zeigt Einem, dass das Wasser immerhin meist einen
Meter tief bleibt. Das Verlangen, vom Lethe Wasser zu trinken,
kann jetzt nach Genüge gestillt werden, und vorsichtshalber
— um nicht alles zu vergessen — mischt man etwas Wein bei;
„Wein benimmt dem Wasser nämlich seine letheïsche Eigenschaft", wie ich ermuthigend der Gesellschaft mittheilte.

Endlich verengt sich aber die Höhle derart, dass ein Weiter-
fahren unmöglich wird, trotzdem das Schiffchen von bescheidener
Kleinheit ist. Uns begleitende Araber versichern, der Fluss ginge
viel weiter und käme später sogar an die Oberfläche — aber
wo? Darin widersprach Einer dem Andern. Aber es entspricht
der Dichtung der Alten. Wir fahren jetzt zurück und erklimmen
den Ausgang, froh, aus der Unterwelt zurückkehren zu können.
Die Sonne scheint so hell und kräftig, denn obschon wir im
November sind, herrscht frühlingsmässiges Wetter; die blühenden
Alpenveilchen, die girrenden wilden Tauben, welche den Eingang zur Unterwelt bewachen, die jubelnden Lerchen hoch oben
in den blauen Lüften, sie alle verkünden den Frühling. Und
jetzt begeben wir uns nach Osman Agha's Garten, der ebenso
wunderbar ist, wie die eben verlassene Höhle. Derselbe liegt
nämlich auch in vollkommen nackter und kahler Ebene, in
einer von allen Seiten steil abfallenden Einsenkung. Aber

innerhalb dieser Einsenkung entfaltet sich ein so üppiger Pflan-
zenwuchs, wie ihn die lebhafteste Phantasie nicht schöner her-
vorzaubern kann. Orangen, Granaten, Aepfel, Birnen, Feigen,
Mandeln, Aprikosen und Pfirsiche wuchern dort und suchen
sich gegenseitig den Platz streitig zu machen, während der
überall sich durchschlingende Wein alle jene herrlichen Obst-
bäume eint und die hoch herausragenden Dattelpalmen nur
dazu da zu sein scheinen, um dem Besucher zu sagen: „Du
bist in Africa!" Es ist schwer, in diesem Garten einen hinlänglich grossen Platz zu finden, wo man lagern kann, so drängt
ein Baum den andern; aber man hat endlich die Teppiche ge-
breitet, aus dem draussen haltenden Karren werden nun die
Vorräthe gebracht und man erfreut sich des ländlichen Mahles.

Uebrigens ist dies nicht der einzige Strom der Vergessenheit.
Auch andere Stämme und Provinzen der Griechen behaupteten,
die Ehre eines Lathon oder Lethe zu haben. Die Thessalier,
die Lydier wollten ihn besitzen, allgemein verlegte man ihn
später hierher zu den Hesperiden. Es waren zuerst die Gebrüder Beechey, welche den „verborgenen Strom" wieder auf-
fanden, und später gibt Barth uns über die ganze Gegend werth-
volle Commentare. Selbst heute noch spürt man wie nirgends
anderswo in Africa, hier in Cyrenaika den Hauch des alten
griechischen Lebens. Wahr ist es ja, dass Karthago grösseren
Weltruhm errang, dass das nahe Leptis Magna vielleicht mehr
Handel hatte, als eine Stadt von Pentapolitanien, aber nirgends
entwickelte sich griechisches Leben in Africa schöner, als in
diesem glücklichen Lande. Man lese nur die herrliche fünfte
Ode des Pindar, man wandle nur zwischen jenen prachtvollen
Denkmälern, man bewundere nur jene plastischen Werke, die
jetzt in England sind und von Smith und Porcher*) in Cyrene
ausgegraben wurden. Systematisch ist aber in diesen Gegenden
noch nie ausgegraben worden und die dort zu hebenden Schätze
warten noch ihres Schliemann.

---

*) Darunter sind Statuen ersten Ranges, z. B. ein Bacchus, ein Apollo
citharoïdes und verschiedene Andere.

Unser fröhliches Mahl dehnte sich weit in den Nachmittag hinein und erst nach Lasser (Nachmittagsgebet) erreichten wir wieder Bengasi. Wir hatten vom Lethewasser getrunken, aber nahmen eine der schönsten Erinnerungen mehr mit! Möchten aber doch diese Erinnerungen dazu führen, dem „Kleinode des Mittelmeeres, dem Garten der Aphrodite", wie Homer diese Landschaft Africas nennt, eine bessere Zukuft zu verschaffen, ein solches Dasein, wie es uns von Pindar und Kallimachus seinerzeit so begeistert vorgeführt wurde.

<hr />

Die Oase Djofra im Jahre 1879.

Wie viele Fehden und Kriege werden unter den nicht europäischen und halbcivilisirten Völkern geführt, von denen Europa und die ganze gebildete Welt nichts erfährt. Nur zufällige Umstände machen uns damit bekannt, und mit Gleichgültigkeit hört man von ihnen, namentlich wenn die Interessen der gebildeten Nationen nicht davon berührt werden. Was geht es uns in Europa an, ob z. B. Hamarua und Bautschi mit einander im Krieg sind; wir erfahren es vielleicht garnicht einmal, ja die Gebildetsten wissen kaum, wo jene Länder liegen. Noch weniger ist das der Fall, wenn kleine Gemeinwesen mit einander in Streit gerathen, eine mittelalterliche Fehde auskämpfen, bei welcher allerdings Menschenopfer genug zu beklagen sind, von der Existenz der Orte man aber im eigenen Reiche, in dem der Osmanli, vielleicht kaum eine Ahnung hat. Eine solche Fehde liegt vor und ist jetzt eben beendet worden. Wäre aber die Expedition der deutschen africanischen Gesellschaft nicht in diese Gegenden gekommen,

so würde man nie davon vernommen haben. Doch bevor wir
den Liliputstreit schildern, gestatte man uns ein Bild von Land
und Leuten zu zeichnen.

Ungefähr achtzehn oder zwanzig Tagemärsche südöstlich
von Tripolis liegt eine kleine Oase, Djofra oder Jofra genannt,
was auf Deutsch so viel bedeutet wie Einsenkung oder vielmehr
„kleine" Einsenkung. In der That existirt auch im Verhältniss
zu den umliegenden Bergen und Gebirgsketten eine Depression,
welche sich nur nach Osten und Nordosten zu öffnen scheint.
Im Norden von den Vorbergen des Tar-Gebirges, von der steilen
Hon- und Uadan-Kette im Nordost begrenzt, schliesst die Oase
im Süden und Westen das Djebel Ssoda oder schwarze Gebirge
ab. Circa 60 Km lang, hat die Einsenkung eine durchschnitt-
liche Breite von 20 Km. Die Längsachse geht von Westen nach
Osten. Die umgebende Berge haben keine bedeutende relative
Höhe, selbst das schwarze Gebirge, so imposant, wild zerklüftet
auch die steilen Ufer erscheinen, erhebt sich über dem Djofra
mit seinem Beginn nicht höher als ca. 200 Meter. Bei Abend-
oder Morgenbeleuchtung erscheinen die Berge aber dreimal höher.
Die Einsenkung selbst dürfte eine durchschnittlich Höhe von
250 Meter haben.

Die Formation der Gebirge besteht aus Kalk und kalkigem
Sandstein, durchsetzt mit Feuersteinschichten. Gyps kommt
namentlich in den Ebenen auflagernd vor, während innerhalb
der Oase nirgends Versteinerungsschichten, wie z. B. am Djebel
Tar, gefunden werden konnten. Die einzelnen isolirten Berge
innerhalb der Einsenkung selbst, z. B. der Djebel Fitri östlich
von Sokna, enthalten keine Petrefacten. Nummulithen wurden
keine, aber andere zahlreiche Versteinerungen im Djebel Ssoda
gefunden. Der Boden zur ebenen Erde besteht aus kalkhaltigem
Sand; und darin werden auch die Gärten angelegt.

Eine mächtige Wasserschicht findet sich überall in der Einsenkung bei einer Tiefe von nur durchschnittlich 3 Meter. Wie in
Dachel muss dabei eine Felsschicht von etwa 0,5 Meter Mächtig-
keit, ebenfalls aus kalkigem Gestein bestehend, durchbrochen

werden. Das Wasser in den Brunnen ist bei so geringer Tiefe
den Temperaturen der Luft entsprechend kalt oder warm. Aber
nicht wie in der eben genannten Oase kommt dann das Wasser
mit Gewalt an die Oberfläche, sondern es erhält sich auf dem
Niveau, auf dem es war. Es giebt Brunnen mit ganz süssem,
aber auch solche mit brakigem Wasser. Diese Wasserschicht
ist indess so mächtig, das Wasser in so reichem Masse vorhanden und überall anzutreffen, dass sich dem denkenden Menschen
unwillkürlich die Frage aufdrängt, woher dieser Reichthum kommt,
wo der Ursprung, die Quelle oder das Herkommen des Wassers
zu suchen sei. Wenn man ferner hört, dass dies Quantum
Wasser unvermindert ist, wenn auch keine Regen fallen —, und
wie selten regnet es überhaupt in der centralen Wüste —, dann
erscheint Einem die Beantwortung dieser Frage doppelt schwierig.
Angesichts der Thatsache, dass der Tschad-See nur etwas über
200 Meter über dem Meere erhoben liegt, kann man wohl
nicht daran denken, dass von seinen Gewässern unterirdisch
sich ein Theil bis hierher ergiessen könnte. Giebt es vielleicht
andere Quellen? Muss in der Sahara selbst der Ursprung zu
suchen sein?

Was die klimatischen Verhältnisse Djofra's anbetrifft, so
dürfte es kaum einen gesunderen Ort in der Sahara geben als
diesen. Nach den vorkommenden Producten zu schliessen, dürfte
die Temperatur im Sommer in den Monaten April bis September
nicht höher als durchnittlich 30° C. sein, während die der übrigen
Monate ca. 20° C. erreicht. Frost scheint in der Oase selbst
unbekannt zu sein, obschon das Thermometer im Freien vor
Sonnenaufgang oft auf + 2° oder + 3° im December, Januar
und Februar herabsinkt. Während auf den umliegenden Höhen,
auf den Hon-, Uadan- und Ssoda-Bergen, sicher häufig das
Thermometer auf — 5° fällt, wird eine solche herabgeminderte
Temperatur in der Oase selbst nie wahrgenommen. Ein Gleiches
findet ja auch in Aegypten statt, wo im Nilthal nie der Gefrier-
punkt erreicht wird, während an denselben Tagen die anliegenden
Plateau's Frost haben.

Die herrschenden Winde sind Nordwest und Südost, sowohl in den Wintermonaten als auch in denen des Sommers. Ersterer vorwiegend im Winter, letzterer im Sommer. Jeder etwas stärkere Wind, einerlei aus welcher Richtung er kommt, hat Sand und Staub im Gefolge und kann deshalb Simum oder Samum genannt werden. Regen fällt nur nach jahrelangen Zeiträumen, und dann mehr auf den umliegenden Bergen als in der Einsenkung selbst. Vorzugsweise beobachtet man deshalb auch heiteren wolkenlosen Himmel.

Ausser Augenleiden scheint man daher wenig Krankheiten zu kennen. Das Wechselfieber z. B., sonst so oft endemisch in den Oasen, ist hier so unbekannt, dass man es die „Fesaner Krankheit" nennt. Trotzdem sehen die Eingeborenen nicht gesund aus, was in den mangelhaften Ernährungsverhältnissen begründet ist. Jahr aus Jahr ein leben sie nur von Datteln und von einer Art Gerstenmehlpolenta. Fleischkost ist den meisten unerschwinglich, und selbst der Reiche geniesst nur an den grossen mohammedanischen Festtagen animalische Kost. Man kann deshalb mit Recht die Bewohner der Oase als Vegetarianer bezeichnen, denn selbst das bischen Fett, welches sie ihrer Basina (Gerstenmehlpolenta) zusetzen, besteht in Oel, welches von Norden her importirt wird. Hin und wieder ein Ei, oder hin und wieder ein Stückchen Ziegenkäse, das ist die einzige animalische Kost, welche sich die besser situirten erlauben, sie gelten dann aber in den Augen ihrer Mitbürger schon für Sybariten.

Mit dieser traurigen Ernährung steht zweifelsohne der düstere Charakter der Menschen in Wechselbeziehung. Man hat für nichts Interesse. Allerdings spielen die Erwachsenen Karten (mit europäischen), aber ohne besonderes Interesse, da das Spiel um Geld verboten ist; die Kinder belustigen sich mit Stockfechten, und man sieht sie sich auch mit einem Spiel abgeben, ähnlich unserm Damenspiel, wobei die Felder in den Sand gezeichnet werden. Aber alles das geht so ruhig zu, so ohne Lärm, so ohne Interesse, selbst bei den Kindern, wie man

es bei uns kaum für möglich halten würde. Nur einförmigen
religiösen Gesang hört man den ganzen Tag. Sind alle Bewohner körperlich krank? seelisch leidend? Diese Frage
drängte sich mir manchmal unwillkürlich auf; aber, wie gesagt,
von wirklichen Krankheiten merkt man nichts, und auch die
Belästigungen, denen sonst jeder Europäer ausgesetzt ist, wegen
Vertheilung von Medicamenten, kommen fast nie vor. Ja, ziehen
wir einen Vergleich hinsichtlich der Augenkrankheiten, welche
hier herrschen, und denen, welche man in anderen Oasen beobachtet, z. B. im Uadi Draa, so muss man gestehen, dass auch
diese Krankheiten relativ selten genug vorkommen.

Aus dem eben Angeführten wird aber genugsam klar, dass
zum Theil das gesunde Klima so günstige Verhältnisse für die
Eingeborenen geschaffen hat. Dass der Ozongehalt der Luft
auch in diesem Theile der Sahara ein sehr reichlicher ist, fanden
wir ebenfalls durch unsere täglichen Beobachtungen bestätigt.
Trockenheit der Luft ist ja, kann man dem Körper nur auf
andere Weise die benöthigte Feuchtigkeit zuführen, gewiss nicht
absolut schädlich. Und dann muss man bedenken, dass in
den Ortschaften, in den Oasengärten, wo Brunnen direct an
die Oberfläche münden, wo alltäglich grosse und weite Beriese-
lungen gemacht werden, innerhalb der nächsten Grenze der
Oase die Feuchtigkeit der Luft bedeutend grösser ist, als ausserhalb auf den Hochebenen, in den Dünen, in den Uadis. Und
doch leben auch hier Menschen, Thiere und Pflanzen in den
trockensten Luftverhältnissen. Erstere, weil sie eben durch das
mitgebrachte Wasser das im Körper verbrauchte ersetzen können.
Letztere, weil sie sich in der That mit einem Minimum zu begnügen verstehen.

Ja, es unterliegt gar keinem Zweifel, dass es sowohl Thiere
wie Pflanzen in der Sahara giebt, welche nie des Wassers,
weder des oberirdischen Regens noch des unterirdisch aufge-
speicherten bedürfen. Jeder, der in der Sahara gelebt oder
doch während längerer Zeit darin gereist hat, wird diese Thatsache nicht leugnen können. Ich spreche nicht von jenen

kleinen Insecten, und wie viele giebt es deren! welche in der
trockensten Jahreszeit geboren, ein Eintagsdasein fristen, um
dann zu sterben, oder von jenen Pflanzen, welche hier in diesem
Augenblick in den trockensten Uadis ihr Dasein fröhlich fristen,
ohne dass von Regen die Rede ist und ohne dass eine unterirdische Wasserschicht ihre Wurzeln speist, sondern von jenen
Pflanzen und Thieren, welche längere Zeit leben und peren-
niren und bei denen man annehmen muss, dass ihnen die
geringste in der Luft enthaltene Feuchtigkeit zur Lebens-
bedingung genügt.

Es giebt z. B. Akazien und Tamarisken in der Sahara,
welche Jahre lang keinen Regen erhalten, und deren Wurzel
eine Wasserschicht nicht erreichen, welche überhaupt keine
Wasserschicht unter sich haben: sie grünen und blühen doch.
Bei ihnen muss die Annahme gestattet sein, dass sie sich mit
der geringen Feuchtigkeit, welche in der Luft enthalten ist,
welche vielleicht auch noch den Boden durchdringt, begnügen.
Denn selbst die Bethauung ist in den centralen Theilen der
Sahara ausgeschlossen, d. h. in Gestalt von wirklichen An-
sammlungen von Wassertropfen. Aber auch im Hochsommer
offenbart sich Nachts und namentlich Morgens, vor Sonnenaufgang, sowohl der grössere relative wie absolute Feuchtigkeitsgehalt der Atmosphäre durch das Hygrometer und Psychrometer. Wo der Mensch nichts mehr wahrnimmt, belehren uns
gute Instrumente, dass dann die Luft reichlicher mit Feuchtigkeit geschwängert ist, und diese ist es, welche genügend wirkt
zur Erhaltung verschiedener Pflanzen und Thiere.

Und jene grosse Dubeidechse, welche im Winter, d. h. in
der Zeit vom November bis April, vollkommen erstarrt und todt
in ihrer Felsspalte liegt, sie trinkt vielleicht während eines Zeit-
raumes von vielen Jahren nicht ein einziges Mal Wasser, vielleicht überhaupt niemals. Regen fällt in der Gegend, wo sie
haust, vielleicht alle fünf Jahre einmal, Quellen oder Wasser-
löcher sind nicht in der Nähe, zu weiten Wanderungen ist sie
überhaupt nicht eingerichtet oder geneigt, folglich führt sie

8 *

ein Dasein, ohne Wasser zur Existenz nothwendig zu haben.
Vom Chamäleon glaube ich das Gleiche. Ich erinnere noch
daran, dass wir einst im libyschen Sandocean, wo seit Jahren
eine solche Dürre geherrscht hatte, dass sogar die Akazien ge-
storben waren (oder waren sie an Altersschwäche oder sonst
einer Ursache zu Grunde gegangen?), unter einem Felsen eine
grosse Schlange fanden, lebhaft und wohl ausgebildet. Seit wie
vielen Jahren hatte sie vielleicht ohne Wasser dort gelebt!
Weshalb auch nicht? Ich finde nichts Wunderbares darin, dass
Thiere und Pflanzen ihren Wasserbedarf aus der Luft entnehmen,
sowie aus dem Minimum von Feuchtigkeit, das in der Erde
enthalten ist.

Wir waren nach der Oase Djofra gekommen, unter den
ungünstigsten Umständen für die Entwickelung der Pflanzen.
Seit Jahren hatte es im Djebel Ssoda und in den übrigen um-
grenzenden Gebirgen nicht geregnet, und der Winter 1878 bis
1879 war für ganz Tripolitanien ein besonders trockener und
heisser; während unter normalen Verhältnissen gewiss bis hierher
die Feuchtigkeit der Luft durch bedeutend grösseren Gehalt im
Winter sich kennzeichnet, ist das auch in diesem Jahre nicht
der Fall gewesen. Auf dem ganzen Wege, vom Mittelmeer bis
hierher, litten wir unter diesen Einwirkungen: überall vertrock-
nete Pflanzen, fast nirgends frisches Grün und Blumen.

An Baumbestand giebt es wildwachsend in Djofra nur die
zwei Geredh- und Thalh-Mimosen, den Sarach- und den Ethel-
baum; diese wuchsen aber jetzt ebenso lustig, als wären sie
gestern begossen. An anderen wildwachsenden Pflanzen findet
man jetzt nur vereinzelte Kräuter, welche den Kamelen Weide
geben, aber ich zweifle keinen Augenblick, dass während eines
anderen Winters sich eine viel üppigere Flora entwickelt.

Unbeeinflusst vom Regen und vom Thau, befinden sich
die Palmengärten, welche durch aus dem Brunnen gehobenes
Wasser gespeist werden, in wirklich vorzüglichem Zustand.
Und es scheint fast, als ob den Palmen auch eine gewisse Grenze
des Alters gezogen wäre, um reichlich und alljährlich zu produ-

ciren. Denn wenn die Araber behaupten, je älter eine Palme sei, desto besser und voller trüge sie, und sogar von tausendjährigen Dattelbäumen erzählen, so mag Jeder davon halten, was er will. Ich kann mich nur darauf beschränken, anzuführen, dass im Kriege mit dem in Tripolitanien weitbekannten Abd-el-Djelil, dieser sämmtliche Palmen abhauen liess, mit Ausnahme eines einzigen Haines, welcher Besitzthum eines seiner Freunde war. Thatsache ist nun, dass jene so hohen, alten, ehrwürdigen Palmen, welche weit sichtbar aus den jungen hervorragen, lange nicht so ergiebige Ernten liefern wie die frischen, welche neben den abgehauenen Stümpfen herausgewachsen sind. Sie sind etwa 30 Jahre alt. Man kann sich aber auch in der That keinen von Kraft und Stärke strotzenderen Palmenwald vorstellen, als der es ist, der die Gärten von Hon, Kessier, Sokna und Uadan beschattete.

Natürlich ist wie in allen Oasen so auch hier die Palme der Hauptreichthum der Bewohner, sie bildet den Durchschnittsreichthum der Eingeborenen, je nachdem einer mehr oder weniger davon besitzt, kennt man sein Vermögen. Wenn die besten Früchte dieses edlen Baumes sich wohl auch nicht mit denen von Tafilet, Tuat und Draa messen können, so stehen sie doch keineswegs an Aroma und Süssigkeit hinter denen des Djerid und der Oasen Algeriens zurück. Letztere beiden werden, so viel mir bekannt, allein bis jetzt auf den europäischen Markt gebracht. Es könnten die hiesigen Datteln, selbst bei dem ziemlich theuren Transport, von hier nach Tripolis, zu 8 Mark die Kamellast (d. h. 24 Frcs. für circa 350 Pfd.), dennoch einen lohnenden Gewinn abwerfen. Eine Kamellast Datteln der feinsten Sorte, in der Zeit der Ernte gekauft, würde für circa 12 Frcs. zu beschaffen sein. 350 Pfd. Datteln für 12 Frcs. oder 10 Mk. Und wenn irgend ein Haus sich einrichten wollte, eigene Leute, eigene Kamele zum Fortschaffen zu halten, dann würde sich der Transport noch billiger beschaffen lassen. Es ist mir nicht möglich gewesen, auch nur annähernd zu constatiren, wie viel Datteln in dieser Oase alljährlich producirt

werden. Wenn man aber annimmt, dass etwa 300000 Palmen
in der ganzen Einsenkung sein dürften und jeder Palmenbaum
circa 3 Centner liefert, so würde das im Ganzen circa 900000
Centner Datteln ergeben!

Diese Datteln nun bilden die Nahrung für die Oasenbewohner selbst, und ausserdem entnehmen davon die Orfella und
zum grössten Theil auch die Tarrhona. Beide letztgenannten
Stämme beziehen ihre Datteln von Djofra. Sie liefern dafür Oel
und Korn. Für etwa 1¹/₂ Liter Oel wird an Datteln mindestens
ein Neuscheffel (1 Hectol.) gegeben. Natürlich sind dies nicht die
feinsten Datteln, aber bei sorgfältiger und namentlich reinlicher
Behandlung würden selbst diese auf jeden europäischen Tisch
kommen können. Es giebt in der Djofra keine schlechten Dattel-
sorten, wie z. B. in Tuat, in Rhadames oder Fesan. Unsere
Kamele z. B. bekamen als Futter dieselben Datteln, von denen
auch unsere eingeborenen Diener frühstückten. Die vorzüglichsten
Datteln sind die Birni.

Die Palme und ihre köstliche Frucht unterliegt hier demselben Gebrauch wie in allen übrigen Oasen. Der Palmbaum
ist so recht der „Diener für Alles". Es giebt kaum etwas in
der Oase, mit dem nicht irgend ein Theil dieses Baumes in
directer oder indirecter Verbindung stände. Aus den gekochten
Früchten bereitet man auch hier einen vorzüglichen Syrup, der
vorzugsweise zur l'Asseda, d. h. süsse Gerstenmehlpolenta, genossen wird. Auch werden im Frühjahr zahlreiche Palmen an-
gezapft, um Lakmi oder, wie man häufiger sagt, Lakbi zu gewinnen, jene milchige süsse Flüssigkeit, welche, wenn sie in
Gährung übergegangen ist, berauscht. Wenn man den Aussagen der Eingeborenen Glauben schenken darf, so leben in
den letzten Wochen, dicht vor der Ernte, wenn die Dattelvor-
räthe verzehrt sind, die armen Leute fast ausschliesslich vom
Safte der Dattelpalmen. Die Oasenbewohner behaupten, der
Lakbi würde nur süss getrunken, das gegohrene Getränk würde
nicht genossen.

Die Zeit der Dattelernte fällt hier zwischen Juli und October; so frühreife wie in Tuat und Draa scheint es hier nicht zu geben. Die frühreifen blühen zuerst im Monat Januar, die grosse Mehrzahl, namentlich die edleren Sorten, blüht aber erst im März, ja einige erst im April. Mit einem einzigen männlichen Baum kann eine grosse Zahl weiblicher Palmen befruchtet werden, aber Befruchtung ist unbedingt nothwendig, um gute Früchte zu erzielen. Die Fortpflanzung der Dattelpalmen geschieht nur mittelst Setzlingen, welche neben den grossen an der Wurzel hervorspriessen, nie aber aus Samen. Letzteres Verfahren würde viel zu viel Zeit erfordern, da die Dattelpalmen sehr langsam wachsen. Ein kräftiger Setzling kann, wenn er gut gepflegt, namentlich regelmässig oder doch oft begossen wird, schon nach drei bis vier Jahren Früchte tragen. Die Palmen, welche hinreichend Wasser haben, namentlich die, welche mit ihren Wurzeln die Wasserschicht erreichen — und das ist in sehr vielen Oasen der Fall —, tragen jedes Jahr Früchte.

Die übrigen vorkommenden Fruchtbäume in Djofra beweisen, dass das Klima noch nicht die Hitze erreicht, wie z. B. in Fesan. Es muss das der nördlicheren Lage sowie dem Umstand zugeschrieben werden, dass im Süden das höhere „schwarze Gebirge" sich befindet, während verschiedene Pässe nach dem Norden den kühlenden Winden von dieser Seite Eingang verschaffen. Man findet Oliven, Weintrauben, Feigen, Aprikosen, Pfirsiche, Quitten und Granaten; einige andere Obstsorten würden wohl noch gedeihen, wenn man sie angepflanzt hätte. Man findet ausserdem die Baumwollenstaude, obschon die Bewohner nicht Baumwollenstoffe herstellen, sondern höchstens Fäden daraus drehen. An Getreide wird Weizen und Gerste im Winter, Ksob (Negerhirse) im Sommer gebaut. Weisse Rüben, Karotten, Sauerampfer, Zwiebeln, Knoblauch, Tomaten, rother Pfeffer, Eierpflanze und eine Pflanze, Tafrit (sie war jetzt eben erst im Keimen begriffen, die Blätter sehen grasartig aus, sollen sowie die Blüthen gegessen werden) genannt, bilden die Gemüse. Melonen verschiedener Art und Gurkén werden auch gezogen.

Blumen, selbst Rosen und Jasmin, findet man nirgends in den Gärten, und als besonders auffallend erwies sich mir die Abwesenheit jeglichen Unkrauts und wild wachsender Blumen und Kräuter in den Gärten. Ein Queckengras und Malven sind das einzige, was längs der kleinen Wasserrinnen wildwachsend anzutreffen ist. Nirgends ein Blümchen zu erblicken! Die Bearbeitung der Gärten geschieht in derselben Weise und mit denselben Instrumenten, wie in den übrigen Oasen. Bei so kleinen Verhältnissen ist die Anwendung des Pfluges ganz und gar ausgeschlossen. Man bedient sich einer spitzen und einer unten geradlinigen Hacke aus Eisen mit kurzem Stiel. Küchenabfälle, Dünger, Strassenkehricht, welches Alles in kleinen Körben auf Eseln herausgeschafft wird, dient zur Auffrischung der Erde. Da die Brunnen nicht tief sind, so hat die Bewässerung keine Schwierigkeit, das Wasser zu heben; sie ist ebenfalls die allgemein übliche: mittelst eines doppelmündigen Schlauches, welcher von einem eine abschüssige Bahn hinabgetriebenen Esel heraufgezogen wird, läuft das Wasser in ein Reservoir, von dem sodann, die Berieselung der Felder erfolgt. Zum Begiessen der Gärten müssen somit mindestens zwei Arbeiter thätig sein, einer, der den Schlauch und den Esel überwacht, und ein zweiter, der das Berieseln der Felderchen leitet. Diese sind äusserst klein, viereckig und kaum 1 qm. gross. Man berieselt hier jeden siebenten Tag die Getreide und Gemüse, während das Grünfutter, welches drei bis vier Jahre stehen bleibt, nur alle zehn Tage Wasser erhält.

Die Gärten selbst sind musterhaft gehalten und fast alle von Mauern umfriedigt. In jedem grösseren Garten befindet sich ausserdem, meist dicht beim Brunnen gelegen, eine Sommerwohnung, von denen einige den Namen Villa verdienen könnten, wenn man sie mit bescheidenen Augen betrachtet. Zur Zeit der Ernte, namentlich wenn man anfängt, die Datteln einzuheimsen, siedeln dann die Bewohner der Ortschaften nach den Gärten über, um Alles unter unmittelbarer Aufsicht zu haben. Die Pflege der Gärten, das langweilige Aufziehen des Wassers, das Umarbeiten des Bodens, das Schneiden des Getreides, sowie das Pflücken der Datteln ist fast ausschliesslich Arbeit der hier ziemlich zahlreich vertretenen Sclaven.

Die Oase hat drei Ortschaften, welche fast genau auf einer Linie, von Westen nach Osten, liegen: Sokna am westlichsten, Kessir, Qesir oder Guesir, ein grosser Palmengarten folgt sodann, etwas nördlich davon liegt der zweite Ort Hon und am weitesten nach Osten Uadan, oder, wie Lyon und Ritchie, welche zuerst nach Uadan hingekommen sind, in englischer Manier schreiben: Wadan. Bemerkt soll übrigens werden, dass Kessier, ein grosser Palmengarten, wie z. B. der, welcher unter dem Namen Mschia bei Tripolis gelegen, bevölkert ist; es wohnen dort Familien von Sokna und Hon, denen er überhaupt zugehört, vorzugsweise jedoch Fesasna oder Fesaner, welche sich hier als Arbeiter der eben genannten Orte ein Heim gegründet haben.

Bei den complicirten Eigenthumsverhältnissen in Nordafrica, wo z. B. dem Grundeigenthümer sehr häufig die darauf stehenden Dattelpalmen oder Oelbäume nicht gehören, sondern einem Anderen *), welcher Fall durch Verkauf, durch Erbschaft, durch Verheirathung etc. oft vorkommt, ist es gar nicht zu verwundern, dass nicht nur häufig Familienstreitigkeiten, sondern auch, wenn Ortschaften sich begrenzen oder doch nahe liegen, blutige Fehden entstehen durch die verschiedenartigen Ansichten über Mein und Dein.

Ein solcher Fall lag hier in der That vor und kam zum Austrag, wie ich im Anfange dieses Aufsatzes bemerkt habe, während der letzten Dattelernte, im Herbst 1878. — Natürlich handelte es sich hier auch um die Eigenthumsrechte der Palmen, der Feigen, Pfirsiche und der liegenden Gründe und zwar in Kessir.

---

*) Gerade in diesen Tagen ereignete sich noch in Sokna der Fall, dass ein Individuum, welches längere Zeit krank gewesen war, eine prächtige Dattelpalme der Sauya Sidi Snussi hierselbst, einem Kloster, urkundlich schenkte; die Palme steht inmitten eines Gartens.

Topographisch eigentlich zu Hon gehörend, denn die
Palmengärten Hon's verschmelzen mit denen Kessirs, ist es im
Laufe der Jahrhunderte aber doch so gekommen, dass durch
Verheirathungen, welche zwischen den Bewohnern· beider Orte
stattfanden, oder auch durch Ankauf von Land und Bäumen
seitens der viel reicheren Soknenser thatsächlich zwei Drittel
des Besitzthums sich in den Händen der letzteren befanden.
Nimmt man dazu die vorhin angedeuteten verwickelten Eigen-
thumsrechte, so erklärt sich der Hass und die Abneigung beider
Orte gegen einander. Dazu kommt noch, dass die Einwohner
Sokna's der Mehrzahl nach Berber, die von Hon Araber sind.
Bei dem Einheimsen der Datteln entspann sich Streit, der Streit
ging in eine Schlägerei über, und von der Schlägerei kam es
zu einem regelrechten Gefecht, bei welchem sechzehn Honenser
und zwei Soknenser getödtet und eine verhältnissmässig grosse
Zahl Verwundeter auf beiden Seiten davongeschleppt wurden.
Dass bei den Bewohnern Hons mehr Getödtete und Verwundete
vorgekommen sind als bei denen Sokna's, erklärt sich daraus,
dass der Palmenwald von Kessir dem von Hon ganz nahe gе-
legen ist. Die Honenser kamen ohne Waffen alle Tage zur
Ernte, waren vielleicht auch nicht vorbereitet, während die ca.
10 km von Sokna kommenden Leute mit ihren Gewehren er-
schienen und höchst wahrscheinlich den Ueberfall und Angriff
vorher geplant hatten.

Bei unserer Ankunft in Sokna, war die Feindseligkeit
zwischen beiden Orten noch im vollen Gange. Die Bewohner
beider Städte hatten allen Verkehr mit einander abgebrochen,
keiner wagte sich über das Weichbild seines Heimathortes
hinaus. Mit uns kam indess zur Pacificirung von Tripolis ein
Detachement Cavallerie. Als bald darauf auch der Gouverneur
von Fesan, der den Rang eines Mutassarif hat und Ali Bei heist,
mit einer Compagnie Soldaten eintraf, dauerte es nicht lange
bis zum Friedensschluss; jetzt bedarf derselbe nur noch der
Bestätigung des Vali (Generalgouverneur) von Tripolitanien,

welch' hoher Posten in dem Augenblick von Mahmud Damadh
Pascha, dem Schwager des Sultans, bekleidet wurde.

Der von Ali Bei patronisirte Frieden wurde dadurch ein-
geleitet, dass beide Orte vor Allem eine Steuer zu entrichten
hatten, Sokna 16000 und Hon 8000 Piaster. Sodann wurde
den Einwohnern ersterer Stadt eine Busse von 22000 Piastern
auferlegt, zu zahlen an die Angehörigen der Getödteten von
Hon; diejenigen, welche Sokna im Gefecht verloren hatte,
waren bei diesem Strafgeld berücksichtigt worden. Dann, wenn
das Geld auch noch nicht erlegt worden, wurde der Verkehr wieder
eröffnet, da beide Parteien sich mit den auferlegten Bedingungen einverstanden erklärt hatten.

Im Grunde genommen eine höchst einfache Justiz, über
die man in Europa vielleicht lächeln wird. Da wird Niemand
wegen schweren Landfriedenbruches persönlich bestraft, obschon
man sehr gut die Haupträdelsführer und Hauptmörder kennt.
Da wurden keine Verhöre vorgenommen, da wurde nichts proto-
kollirt, sondern als beide Theile sich mit der Sühnsumme
einverstanden erklärten (ursprünglich sollten für jeden Getödteten
20000 Piaster bezahlt werden), wurde darüber ein von beiden
Parteien unterschriebenes Protokoll aufgesetzt und dies Schrift-
stück der Regierung in Tripolis zur Bestätigung zugeschickt.

Wenn ich dies Bild von dem Rechtsleben in den Oasen
skizzirt habe, so ist dasselbe nur entworfen in der Absicht, um
die Zustände in einem der bestregierten Staaten Nordafrica's
wiederzugeben. Denn das kann in der That behauptet werden,
dass innerhalb des türkischen Gebietes in Tripolitanien die
verhältnissmässig grösste Sicherheit herrscht*). Dass dieselbe
aber auch nur relativ ist, geht genugsam aus dem eben Geschilderten hervor. Kehren wir jetzt noch einmal zur Oase
zurück.

Politisch bildet Djofra ein eigenes Kaimmakamlik, welches
zu Fesan gehört. Fesan selbst ist eins der vier Mutassarifiate

---

*) Natürlich kann mit Algerien und selbst mit Aegypten kein Ver-
gleich aufgestellt werden.

des Vilayat Tripolitanien. Der Sitz des Kaimmakam ist in Sokna, die übrigen Orte haben eine Midjeles (Rathsversammlung), denen ein Schich vorsteht. Was die polizeiliche Gewalt anbetrifft, so hat der Kaimmakam vier Sabtieh (Polizisten) zu seiner Verfügung, welche uniformirt und besoldet sind, und in gewöhnlichen Zeiten genügt diese Macht auch vollkommen, um die Autorität der Regierung aufrechtzuerhalten. In den übrigen Orten wird keine besondere Polizei geübt, Alles regelt sich dort nach dem Herkommen. An Steuern bezahlen die Bewohner der Oase circa 100000 Piaster, davon kommen auf Sokna 33000 Piaster, auf Hon 28500 Piaster und auf Uadan nur 7490 Piaster. Die Schürfa dieser Stadt geben aber eine freiwillige Gabe von 25000 Piastern. Kessir entrichtet keine Abgaben, da die dort sich aufhaltenden Fesaner als Fremde oder Gäste betrachtet werden. Zum Militärdienst wird Niemand herangezogen, wie denn überhaupt in ganz Tripolitanien bis jetzt gar keine Bestimmung darüber besteht, wer dienen muss und wer ausgeschlossen ist. Man nimmt eben die Soldaten einfach, wo man sie findet, man presst sie, man wirbt an durch ein kleines Handgeld, aber von einer regelmässigen Aushebung ist noch nie die Rede gewesen. Tripolitanien ist eben eine Provinz, um die man sich in Constantinopel gar nicht kümmert; jeder Gouverneur thut, was ihm beliebt. Daher haben auch die allgemeinen Gesetze für das ottomanische Reich in den seltensten Fällen Anwendung in dieser Provinz. Von einer Beschickung des Parlaments in Constantinopel hat man z. B. in Tripolitanien nie etwas gehört. Was sollte dort auch wohl ein Bewohner von Fesan machen? oder ein Beduine aus der Syrte? Der blosse Gedanke ist schon lächerlich.

Es ist äusserst schwer, auch nur annähernd Angaben zu machen über die Zahl der Bewohner der Oase. Sokna wird meist mit einer Einwohnerzahl von über 2000 Seelen angegeben, und doch dürften höchstens 1500 Menschen vorhanden sein. Im Ganzen werden in der Oase wohl nicht mehr als ca. 5500

Menschen wohnen *). Nach ihnen bestehen sie aus Schürfa (Abkömmlinge Mohammed's, die, wenn sie echt sind, natürlich auch zu den Arabern gerechnet werden müssen), aus Arabern, aus Berbern und Fesasna. Die Abgeschlossenheit der Oase, das Durcheinanderheirathen hat aber eine so grosse Vermischung aller hervorgebracht, dass bei keinem dieser Stämme von einer vollständigen Reinheit desselben die Rede sein kann. Die Fesasna müssen ohnedies schon als ein Mischlingsvolk betrachtet werden. Mit Ausnahme der Bewohner Soknas, welche sich von den übrigen doch wenigstens durch ihre Sprache abtrennen, welche dem grossen Berbergebiet angehört, sind daher äusserlich die Bewohner der Ortschaften durch besondere Merkmale nicht zu unterscheiden.

Es ist mir absolut unmöglich gewesen, irgend einen bemerkenswerthen Unterschied zwischen den Leuten von Uadan,

---

*) Es sei mir gestattet, hier meiner Meinung' Ausdruck zu geben, dass die in den neuesten geographischen Lehrbüchern angegebene Seelenzahl Africa's viel zu hoch gegriffen zu sein scheint. Wenn man bedenkt, dass der äusserste Norden, etwa bis zum 30° n. Br., sehr dünn bevölkert ist und, hoch gerechnet, von Marokko bis nach Aegypten hin kaum 15,000000 Seelen enthält; wenn man dann erwägt, dass zwischen dem 30° und 15° n. Br. von Bevölkerung kaum die Rede sein kann — hier kann man oft zehn bis zwanzig Tagemärsche reisen, ohne auf einen Menschen, geschweige auf eine feste oder Nomaden-Niederlassung zu stossen —, so bleibt für die übrige hohe Zahl von 185,000000 Einwohnern der Raum vom 15° n. Br. bis zum Bay. Und selbst wenn wir in dem ebenerwähnten Raum zwischen dem 30° und 15° n. Br. 5 Millionen Seelen annehmen wollen, was aber gewiss sehr reichlich bemessen ist, dann käme auf das übrige Africa immerhin noch eine Seelenzahl von 180,000000. Man betrachte nur einmal auf der Karte den verbleibenden Raum für die 180,000000 Seelen, man ziehe den Platz in Erwägung, den die grossen Seen einnehmen, man denke an die Kalahari-Wüste und lese dann die Berichte der Reisenden, welche wohl von grossen Städten und Ortschaften berichten, aber auch fast täglich vermelden, dass sie stundenlange unbewohnte Gegenden, grosse Wälder und unbesiedelte Wildnisse durchziehen müssen, und man wird finden, dass die Angabe von 200,000000 Einwohnern, welche in den heutigen Lehrbüchern der Erdkunde für Africa vindicirt werden, viel zu hoch, wenn nicht um das Doppelte zu hoch gegriffen ist. Man staunt in der That, wenn man liest: Africa hat über 200,000000 Einwohner.

Hon und Sokna aufzufinden, nur dass letztere, was ja allerdings
äusserst wichtig ist, berberisch reden, während die übrigen
arabisch sprechen. Die Bewohner von Djofra sind von mittlerer
Statur, haben gelbliche, oft bronzene Hautfarbe, schwarzes Haar,
welches meist kraus ist, ohne so kurz und wollig wie bei den·
Negern zu sein. Die Augen, durchweg schwarz, sind nicht über-
mässig gross, aber auch nicht so klein und stechend wie z. B.
bei den Bewohnern Siuah's. Da es unmöglich war, wegen des
Fanatismus und der Vorurtheile der Bewohner Messungen mit
dem Tasterzirkel und dem Messband anzustellen, so muss man
sich schon mit diesen Angaben begnügen, Die übrigen Gesichts-
züge und namentlich der ganze Ausdruck derselben sind weit
entfernt davon, regelmässig oder gar schön zu sein. Es ist
indess eine grosse Verschiedenartigkeit hinsichtlich der Züge zu
constatiren. Und es muss dies auch wohl der steten Vermischung
zugeschrieben werden. Man bedenke nur, dass Sokna an der
Hauptstrasse gelegen ist, welche überhaupt von Tripolitanien
aus nach den sudanischen Ländern führt. Es kommt sodann
noch hinzu, dass sich ein grosses Contingent Schwarzer in der
Oase als Freie und Sclaven befinden und Heirathen auch mit
den Negern nichts seltenes und ungewöhnliches sind. Man
wird es deshalb auch nicht wunderbar finden, dass man ebenso
vielen Adlernasen 'wie eingebogenen, ebenso vielen wulstigen
Lippen wie schmalen begegnet. Magerkeit — es giebt in der
ganzen Oase keinen wohlbeleibten Mann — herrscht vor, Hässa-
lichkeit ist allgemeiner als Schönheit. Ja, durch eigentliche
Schönheit dürfte in der ganzen Bevölkerung kein einziges Individuum ausgezeichnet sein. Hände und Füsse sind meist ungewöhnlich klein. Vielleicht ist das bedingt durch die geringe
Arbeit und das wenige Gehen.

    Was Charakter und Temperament anbetrifft, so erlaube ich
mir kaum ein Urtheil. Die meisten halbcivilisirten Völker und
namentlich die, welche von ihnen Mohammedaner sind, verstellen
sich den Europäern gegenüber, heucheln und zeigen sich ganz
anders, als sie in Wirklichkeit sind. Erst nach langem Ver-

weilen unter ihnen könnte man es wagen, sich eine Meinung zu bilden. Aber auch unter einander wird Wahrheit, Aufrichtigkeit, Treue und Ehrlichkeit nur dann geübt, wenn es unumgänglich nothwendig ist, wenn man diesen Tugenden nicht aus dem Wege gehen kann. Das ist übrigens bei allen Völkern der Fall, deren ganzes Leben sich nur auf solche religiöse Grundsätze stützt, welche an und für sich schon zur Heuchelei Veranlassung geben. Die Bewohner scheinen nicht streitsüchtig zu sein, trotz des Eingangs Dieses mitgetheilten Falles zwischen Soknensern und den Bewohnern von Hon. Sie sind auch nicht lebhaft, sondern eher indolent. Von Fanatismus ist kaum die Rede, und auch ihren religiösen Pflichten scheinen sie mit keinem grossen Eifer nachzukommen. Die Trägheit, welche sie zur Schau tragen, ist Folge ihrer wirthschaftlichen Verhältnisse, weil die grosse Zahl der Sclaven für die eigentlichen Bewohner jede Arbeit überflüssig macht. Gastfreundschaft wird gerade nicht sehr geübt, wenigstens nicht wie im nordwestlichen Afrika. Da die Bewohner der Oase hinlänglich durch Palmenzucht und Gartenbau ihren Unterhalt finden, so trifft man bei ihnen weniger jenen Hang zum Reisen an wie in den übrigen isolirten Wüsteninseln, z. B. in Rhadames, Djalo und Siuah. Ihr Gebiet reicht noch hin, sie zu ernähren, und nur Sokna stellt ein kleines Contingent solcher, welche, um Handel zu treiben, sich Jahre lang ins Ausland begeben. Die Frauen sind wie die aller nordafricanischen Völker bedeutend kleiner an Statur als die Männer. Da von allzu grosser Scheu bei ihnen keine Rede ist, hatte ich oft genug Gelegenheit, sie betrachten zu können. Alte Weiber, Frauen, Jungfrauen und Mädchen im zartesten Alter — alle sind hässlich, schmutzig und abstossend.

Die Tracht der Bewohner ist ganz dieselbe wie die der Nordafricaner überhaupt, ebenso die der Frauen, bei denen jedoch schon häufig das dunkelblaue Kattungewand vorwaltend ist. Tätowirungen sind selten, dahingegen hat fast jeder Erwachsene einen Ring von Silber, oder die Armen auch von Messing am kleinen Finger der Rechten. Amulette am Kopf,

auf der Brust, an den Oberarm, meist in Koransprüchen bestehend, welche sich in kleinen Ledersäckchen befinden, fehlen
bei keinem. Alle sind beschuht, und viele tragen im Winter
Strümpfe. Ein Drittel der Männer trägt sogar Hosen. Die
Frauen tragen Halsbänder aus Bernstein und Glasperlen, grosse
Ohrringe aus Silber oder Kupfer, Fussknöchelringe aus verschie-
denem Metall. Männer wie Frauen, Alt und Jung, alle lieben
es, die Augenlider mit Kohöl (Antimon) zu umpinseln; ausserdem färben die Frauen und Mädchen ihre Hände und besonders
die Nägel mit Henneh.

Die Heirathen werden früh abgeschlossen, und jeder Mann
ist verheirathet. Die eheliche Verbindung erfordert auch nicht
viel. Der reiche Mann muss seiner Zukünftigen zehn Anzüge
schenken (ein Anzug, d. h. ein Hemd oder ein Umschlagetuch,
oder eine Jacke — Alles wird Anzug genannt), darunter einen
von Seide. Das Ganze hat etwa einen Werth von 200 bis 300
Piastern*). Der Arme giebt nur einen Anzug. Trotzdem jedes
männliche Individuum heirathet und trotzdem — nach den Aussagen der Bewohner — mehr Knaben als Mädchen geboren
werden, giebt es alte Jungfern, welche keinen Mann gefunden
haben. Ein allerdings seltener Fall, den ich sonst nirgends in
Nordafrica gefunden habe. Vielleicht dürfte der Grund darin
zu erblicken sein, weil viele Männer sich mit einer Negerin ver-
heirathen, während der umgekehrte Fall, dass ein Neger (wenigstens so lange er ein Sclave ist) eine Weisse heirathet, wohl
nie vorkommt. Die Zahl der verabschiedeten Frauen (Hadjela,
Wittwen) ist sehr gross und Folge des abscheulichen Religions-
gesetzes, nach welchem sich jeder Muselman wegen eines Nichts
von seiner Frau scheiden kann. Vielweiberei kommt fast gar
nicht vor, dazu ist die Bewohnerschaft zu arm.

Einen gemeinsamen Verband aus sich selbst heraus bilden
die Bewohner nicht; Niemand betrachtet die Oase als sein
Vaterland, noch weniger Tripolitanien oder gar das ganze Reich
der Osmanli. Jeder kennt nur seinen Ort: Hon, Sokna und

---

*) Ein Piaster hat 19 Pfennige.

Uadan. Die mohammedanische Religion hat ihren Bekennern
nie patriotische Gefühle, sondern nur Glaubensgefühle gestattet.
Ein Soknenser würde es gar nicht begreifen können, weshalb
er sich für ganz Tripolitanien erwärmen sollte, ebenso wenig
wie ein Tripolitanier sich irgend etwas aus seiner Eigenschaft
als Unterthan der Türkei macht. Einen Glaubenskrieg würde
Jeder mitmachen, ebenso in den Kampf gehen, um sein per-
sönliches Eigenthum oder das seiner nächsten Verwandten zu
schützen, aber darüber hinaus gehen auch diese Gefühle nicht.
Natürlich hat die Türkei nie etwas gethan, um bei den Unterthanen das Vaterlandsgefühl zu wecken. Andere mohammedanische Herrscher auch nicht. Es giebt z. B. keinen Marok-
kaner, der sein Vaterland liebte, er schätzt nur seinen Stamm
oder seine Stadt, in der er geboren wurde oder in der er wohnt.

Die Oasenbewohner bekennen sich zum malekitischen Ritus
der mohammedanischen Religion, welcher überhaupt in ganz Nordafrica Norm ist und zu dem sich alle Mohammedaner dieses Erd-
theils bekennen, mit Ausnahme der wenigen türkischen Beamten
in Aegypten und Tripolitanien. Von religiösen Orden giebt es
nur zwei, den der Snussi und den von Mulley-Abdes-Ssalem.
Die Mitglieder des ersteren werden von vielen Mohammedanern für
Anhänger einer fünften Glaubensrichtung gehalten, was aber
thatsächlich nicht der Fall ist, da die Snussi sich innerhalb
des malekitischen Ritus bewegen. Was sie allein von den
Malekiten unterscheidet, ist, dass sie bei der ersten Position
zum Gebet die Hände auf der Brust kreuzen, während Sidna
Malek das Herabhängen der Arme für ein erforderliches Attri-
but der ersten Bewegung beim Gebet erklärt. Im Uebrigen
zeichnen sich die Snussi durch grösseren Glaubenseifer, durch mehr
Hass gegen Andersgläubige, durch eine straffe Organisation und
Disciplin ihrer Angehörigen und durch grosse Proselytenmacherei
aus. Klug genug, haben die Vorgesetzten und die Stifter
dieser Richtung erkannt, dass, um zum Zweck zu kommen, in
unseren Tagen nicht mehr das Schwert, wie ehedem, also die
rohe Gewalt zu benutzen sei, sondern dass man Geld und Güter

sammeln, den Einfluss auf die Frauen gewinnen und vor Allem den Unterricht der Jugend zu leiten habe. Auf diese drei Dinge háben sie ihr Hauptaugenmerk gerichtet und · sie zu erreichen und zu gewinnen gilt ihr ganzes Streben. Es ist ihnen dabei natürlich nicht um Belehrung und Aufklärung der Jugend zu thun, wie denn überhaupt in den Schulen der Mohammedaner davon keine Rede sein kann, sondern nur darum, den Kindern von vornherein einzuprägen, dass nur sie, die Snussi, die wahren Ausleger des Koran seien, dass nur durch die Befolgung ihrer Vorschriften das jenseitige ewige Leben gewonnen werden könne. Aber auch für die Mohammedaner kommen heute solche Lehren zu spät, vielleicht haben sie noch Wirkung in einigen ganz abgelegenen Oasen oder in den nördlichen Negerländern, aber innerhalb des türkischen Reiches heisst es auch: zu spät. So ist denn auch in der Oase Djofra der Einfluss der Snussi nicht bedeutender, als der der anderen religiösen Genossenschaft. Es ist die türkische Regierung, welche keine Uebergriffe duldet und von einer Herrschaft der Snussi, wie dieselben sie träumen, nichts wissen will.

In den Schulen der Ortschaften wird in der That nichts Anderes gelehrt als Buchstaben malen und buchstabiren. Einige bringen es zum stümperhaften Lesen und Schreiben, aber Alle wissen einige Capitel des Koran auswendig, was zum Beten unbedingt erforderlich ist. Wollen besonders wissbegierige Jünglinge weiterkommen, d. h. fertig lesen und schreiben lernen, dann gehen sie auf einige Jahre nach Tripolis, nach Bengasi oder auch die in den Snussi-Schulen Gebildeten nach Sarabul (Sarabul liegt in der Oase des Ammon), dem Religionscentrum derselben.

In jeder der drei Ortschaften ist eine Moschee, in der Freitags das Chotbah, Gebet, verlesen wird, und von allen übrigen Minarets wird zu den vorgeschriebenen Stunden ins Gebet gerufen, welchem die Meisten Folge geben; darauf beschränkt sich aber auch das religiöse und geistige Leben der Bewohner Djofra's. Es ist möglich, dass unter anderen Verhältnissen — man erinnere sich des eingangs Dieses geschilderten Zwistes, welcher eine starke Execution zur Folge hatte — das Leben der Bewohner eine veränderte Physiognomie trägt; aber in diesem Augenblick hat es den Anschein, als ob aller Orten Trauer wäre. Und selbst Uadan, was doch nicht in Mitleidenschaft gezogen ist, macht davon keine Ausnahme. Von Belustigungen ist nirgends die Rede. Der Gesang der Bewohner ist der monotonste, den man sich denken kann. In Sokna z. B. hört man nichts weiter als die Töne c d es, d c es; d c es, d c c, c d es; c d es; c d es. — Das ist ihr Nationallied. Man hört es Nachts, wenn der Mudhen ins Gebet gerufen hat, denn sicher verfehlt er dann nicht, jene Melodie noch mit in den Kauf zu geben. Man hört es früh Morgens, wenn die Leute aufstehen, und Abends, wenn sie sich nach ihrem harten Tagewerk, das im Nichtsthun besteht, zur Ruhe begeben.

Wenden wir uns jetzt den einzelnen Orten zu, so gebührt Sokna vor Allem betrachtet zu werden. Die Stadt verdankt ihre Bevorzugung hauptsächlich dem Umstand, dass sie unmittelbar an der grossen Karavanenstrasse gelegen ist. Sokna ist der einzige Ort, wo kleine Buden sind, in denen alle Tage verschiedene Gegenstände verkauft werden: Kaffee, Zucker, einige Gewürze, Kattunstoffe, wollene Tücher (Abbei, Hanli oder Haïk genannt), rothe, gelbe und gestickte Schuhe, Seife, Kerzen, Zündhölzchen (wie vor Jahren, so auch jetzt noch immer österreichisches Fabrikat), Pulver, Kugeln, eiserne Hacken, hölzerne Schüsseln, das dürfte wohl so ziemlich das Waarenverzeichniss einer jeden Bude sein. Diese selbst bilden kleine Zimmer zu ebener Erde, haben nur eine Thür, welche zugleich Fenster ist. Mitten in seinem Krimskrams sitzt der Eigenthümer, der zugleich auch mit allen Gegenständen handelt und statt Geld natürlich auch Nahrungsmittel oder andere Gegenstände in Austausch nimmt.

Eigenthümlicherweise hat sich neben dem österreichischen Maria-Theresien-Thaler vom Jahre 1780, welcher ja überhaupt in Tripolitanien und Nordcentralafrica die bevorzugte grosse

Münze bildet, hier sowie im Gebiet der Orfella, aber auch nur
hier, als Kleingeld ebenfalls eine österreichische Münze eingebürgert: das Zehnkreuzerstück vom Ende der fünfziger und
Anfang der sechziger Jahre. Es gilt einen Piaster, während der
Maria-Theresien-Thaler 24 Piaster Werth hat. Goldmünzen sind
hier nur mit Verlust loszuwerden, im Gegensatz zur Stadt Tripolis, woselbst man dabei verdient. Noch weiter nach dem
Süden werden bekanntlich Goldmünzen gar nicht mehr angenommen.

Die europäischen Waaren, welche hier verkauft werden,
kommen natürlich alle von Tripolis und sind meistens französischen und englischen Ursprungs. Gewöhnlich wird hier schon
der doppelte Preis für das verlangt, was man in Tripolis für
denselben Gegenstand zahlt. Bei der Weite des Weges — eine
Karavane braucht immer durchschnittlich 18 Tage, um vom
Meere hierherzugelangen — und bei den Kosten, welche sich
von Tripolis bis Sokna immerhin für eine Kamellast (ca. 4
Centner) auf 8 bis 10 Mahbab (32 Mark = 10 Mahbab) belaufen, kann man gegen einen solchen Aufschlag auch nichts
einwenden.

Im übrigen sieht es schlimm um Handel und Wandel aus,
die Bewohner sind eben Gartenbauer. Es sind z. B. die noth-
wendigsten Lebensbedürfnisse, wie Brot und Fleisch, Milch und
Gemüse, nur mit grosser Mühe zu beschaffen. Ein regelmässiger
Verkauf der genannten Gegenstände findet nicht statt. Für
Fremde ist das natürlich sehr unangenehm.

Sokna, ein unregelmässiges Pentagon, ist von einer ca. 5 Met.
hohen Mauer umgeben, welche natürlich nur gegen Flintenschüsse
Schutz gewährt. Von Zeit zu Zeit werden die Mauerlinien durch
eine Art von Bastion flankirt. Die Stadt hat sieben Thore, welche
Nachts geschlossen werden und die alle einen besonderen Namen
haben. Ebenso haben auch alle Gassen, die gewöhnlich nur
etwas breiter sind als 1 Meter, einen Namen. Sie bilden ein voll-
kommenes Labyrinth, und selbstverständlich fehlen viele Sack-
gassen nicht. Die Hauptstrasse heisst Saka Habaret. Vor der

Kasbah, einem ansehnlichen Gebäude, im Südosten der Stadt gelegen, ist ein kleiner Platz. Die Kasbah dient dem Kaimmakam von Djofra als Residenz. Zwei verrostete Kanonen, welche im Inneren des Hofraumes liegen, sollen noch von den Feldzügen Abd-el-Djelil's herrühren. Aber wenn auch die Strassen eng und wegen des sehr häufig nackt zu Tage tretenden Kalkfelsens äusserst holperig und uneben sind, so zeichnen sie sich sehr vortheilhaft durch Reinlichkeit aus. Zu welcher Tageszeit man auch durch dieselben wandern mag, man findet nie Unrath und Schmutz.

Die Stadt besitzt vier Moscheen, von welchen in der einen, Djemma-el-Kebir (die grosse Moschee), Freitags das Chotbah gelesen wird. Die Djemma-el-Fokara gehört den Snussi. Diese Ordensschaft, sowie die Anhänger des Muley-Abd-es Ssalem haben eine Sauya (d. h. Kloster, Schule, Asyl etc.) im Orte. Für die Heranbildung der männlichen Jugend sorgen vier Schulen, welche den Moscheen zugehören. Die der Snussi ist die frequentirteste. Die weibliche Bevölkerung bleibt ohne Schulbildung.

Die Zahl der Einwohner von Sokna ist eingangs Dieses schon erwähnt worden, auch dass die Eingeborenen der Mehrzahl nach zu den Berbern gerechnet sind. Unter sich reden sie nur ihre eigne Sprache, welche, isolirt wie sie sich hier befinden, natürlich eine Menge arabischer Ausdrücke aufgenommen hat. Das soknensische Berberisch scheint das unvollkommenste und ärmste von allen zu sein. Der mündliche Austausch mit den übrigen Berbern, die Berührung mit ihnen fehlt fast gänzlich, und es wäre nicht unmöglich, dass das Soknensische ganz ausstürbe. Jetzt müssen allerdings die Kinder soknensisch lernen. Es giebt hier aber kein Individuum, welches nicht arabisch verstände. Selbst in dem entferntesten Siuah giebt es Leute, welche nur ihre Muttersprache reden.

Höchst eigenthümlich sind einzelne Zahlen im Sokna-Idiom ausgedrückt. So heisst z. B. 50: i fessen-tischka-didjdem-fuhs, d. h. vier Hände, vier Füsse und zwei Hände. (Die Finger und Zehen derselben nämlich.) Es giebt jedoch auch einen einfacheren

Ausdruck, der dem allgemeinen Tamersirht oder Masigh (Berbersprache) conform sein dürfte, nämlich asegin tmed. Die Zahl tausend heisst, neben dem arabischen „Elf" auch „Abu Mursuk". Gewöhnlich werden indess die arabischen Zahlenbenennungen angewandt. Ebenso haben sie auch keine eigenen Benennungen für die Monate. Die Armuth speciell dieses Berberdialektes offenbart sich auch noch dadurch, dass sie für die übrigen Völker und Nationen keine besonderen Benennungen haben; die sudanische Bevölkerung wird z. B. bei ihnen mit dem einen Namen tamur-n-ilalem, alle europäischen Nationen mit dem einen Namen tamur-t-imatar bezeichnet, d. h. die „guten Leute". So behauptet mein Gewährsmann wenigstens. Ich bin aber geneigt, zu glauben, dass sie uns tamur-t-ingimattar, d. h. die „bösen Leute", nennen. Schliesslich möchte ich noch anführen, dass die Bewohner Sokna's selbst behaupten, von den Berbern Marokko's abzustammen.

Ueber den Bihâr Bilâ-mâ.

Eine der wichtigsten Aufgaben von denen, welche unserer Expedition in die Libysche Wüste vorgeschrieben waren, bestand in der Untersuchung der „leeren Flussbetten", der sogenannten Bihâr-bilâ-mâ. Die Frage war zuerst wieder von Dr. Zenker angeregt worden. Im Jahre 1872 wiess er in einem in Nr. 8 der Zeitschrift der Gesellschaft für Erdkunde veröffentlichten Aufsatz „über das Depressions-Gebiet der Libyschen Wüste und den Fluss ohne Wasser (Bahr-belâ-mâ)" darauf hin, wie nützlich es sein würde, durch genauere Untersuchungen festzustellen, ob wirklich eine Depression vorhanden sei. Sodann wurde in der Sitzung des Institut égyptien, welche bei Gelegenheit der Anwesenheit der Expeditions-Mitglieder in Cairo abgehalten wurde, gleichfalls diese Frage in Anregung gebracht, und man darf sich kaum wundern, dass die Gelehrten dieser Gesellschaft nicht nur in dem Wahne befangen waren, dass das auf den Karten verzeichnete Bahr-bilâ-mâ ein „leeres Flussbett" sei, sondern dass sie auch mit ziemlicher Sicherheit annahmen, in vorgeschichtlicher Zeit habe der Nil durch dieses Rinnsal seine Fluthen ergossen. Ja, als durch unsere Untersuchungen der Sachverhalt schon festgestellt war, Untersuchungen, welche auf eigenen Anschauungen — nicht auf Aussagen der Eingeborenen — basirten, glaubte ein Mitglied dieser gelehrten Versammlung, an der von französischen und deutschen Gelehrten früher aufgestellten Hypothese festhalten zu müssen. Es war dies um so mehr zu verwundern, als die französischen Explorateure nur dasjenige Bahr-bilâ-mâ gesehen hatten, welches in unmittelbarster Nähe der Natron-Seen gelegen ist; über die übrigen aber nur nach Hörensagen sich ein Urtheil hatten bilden können.

Bei dem Nachweise, dass man es in der Libyschen Wüste nicht mit einem leeren „Flussbett" zu thun habe, kommt es in erster Linie darauf an, zu untersuchen, ob der arabische Ausdruck, el-bihâr, richtig übersetzt worden ist, denn eine falsche Uebersetzung verbindet natürlich mit dem Object einen falschen Begriff. Da müssen wir denn leider gestehen, dass hier von vornherein Uebersetzungsfehler gemacht worden sind. Hätten Père Sicard, Pocock und Savary, ferner die französische Expedition bei ihrem Besuche des Bahr-Bilâ-mâ im Jahre 1799 das Wort richtig verstanden und demgemäss übersetzt, so wäre die irrige Annahme eines in vorgeschichtlicher Zeit westlich verlaufenden Nils nie aufgekommen, und alle jene zahlreichen Conjecturen wären unterblieben.

Einer unserer gründlichsten Orientalisten, und nicht nur besonders bewandert in der Interpretation arabischer Geographen, sondern berühmt durch seine Forschungen unter arabischen Triben an Ort und Stelle, Konsul Wetzstein in Berlin, hat mir hierüber

mit grösster Bereitwilligkeit Auskunft gegeben. Denn wenn es
mir wohl bekannt war, dass das magribinische el-behar nichts
Anderes als „das Meer" bedeutet, so wollte ich doch als Em-
piriker in linguistischen Dingen Nichts behaupten, was dem
sonstigen Sprachgebrauch des Arabischen gegenüber möglicherweise ungenau hätte sein können oder gar falsch. Consul Wetzstein nun theilte mir Folgendes mit:

„Das Wort báher *), auch behar gesprochen, bedeutet im
Alt- und Neu-Arabischen bei Hadari und Bedawi (Ansässigen
und Nomaden) „das Meer" oder „der Landsee"; sein Plural ist
bihâr und buhûr „die Meere, die Seen". Von einem kleineren
Landsee braucht man das Diminutiv boheira, was im magri-
binischen Idiom, welches den Diphthong ei hasst, bohira gesprochen wird. Das Wort geht auf einen Verbal-Stamm bahar
zurück, welcher „sich weit ausbreiten" bedeutet, und Manchem
für ein transponirtes rahab gilt, was in allen semitischen
Sprachen dieselbe Bedeutung hat. Daher kommt es, dass die
Bezeichnung báher im gemeinen Leben auch von einem sehr
grossen Strom, wie dem Nil oder dem Euphrat, gebraucht wird,
ohne darum die Bedeutung „Fluss" zu haben. Báher en-Nil
bedeutet auch dem Araber „das Nil-Meer." Es ist also eine
hyperbolische Redeweise, die leicht Missverständniss erzeugen
kann und deshalb in den Schriften der früheren einheimischen
Geographen auch vermieden wird. Sie bezeichnen jeden Fluss,
er mag klein oder gross sein, mit dem Worte náher, dessen Plural
enhar und nuhîra ist."

---

*) Das Wort Báher rechnet die semitische Grammatik zu den so-
genannten Segolat-Formen, in welchen die drei Radikale nur einen Vokal
haben. Im syro-ägyptischen Dialekt liegt dieser Vokal (hier ein a) aus-
nahmslos zwischen dem ersten und zweiten Radikal, so dass das Wort
báhᵉr und báhᵉr lautet. Dagegen bei den Beduinen der Halbinsel Arabiens
und den von dorther eingewanderten Stämmen Libyens und Mauritaniens
ist es Regel, diesen Vokal zwischen den zweiten und dritten Radikal zu
setzen, wenn der zweite ein Guttural ist, so dass das Wort bei ihnen b'hár
oder bĕhár lautet, da solche Bildungen in der modernen Poesie den Werth
eines Jambus haben.					Wetzstein.

Deutlicher kann uns die ursprüngliche Bedeutung von baher nicht gemacht werden, wie es uns so eben von Wetzstein auseinandergesetzt worden ist. Das Wort ist also mit „Meer" oder „See" zu übersetzen. „Ja, aus eigener Erfahrung *) kann ich noch bestätigend hinzufügen, dass auch die heutigen arabischen Geographen, wenn sie ihn auf den Nil **) und andere grosse Flüsse anwenden, den Begriff „Meer" dabei festhalten. Es lässt sich dies auf eine überzeugende Weise daran erkennen, dass sie den Nil mit Vorliebe „baher el-hílu", „das süsse Meer" nennen, im Gegensatz zu baher el-malíh, dem „salzigen Meere" oder oder baher el-milah, „dem Salzmeer." Wir finden diese Bezeichnung sonderbar, müssen aber bedenken, dass sie beduinischen Ursprungs ist, wie denn überhaupt der grösste Theil der naturgeschichtlichen Nomenclatur in den Ländern arabischer Zunge auf die Beduinen zurückgeführt werden muss.

„Die ganze Arabische Halbinsel besitzt kein einziges Gewässer, welches den Namen „Fluss" verdiente, und selbst ihre Bäche verlieren sich in der heissen Jahreszeit meistens schon in der Nähe der Quellen. Zwar verwandelt sich nach starken und während längerer Zeit anhaltenden Regengüssen das Rinnsal oder Torrens in einen „Seil", „Wildbach," welcher oft gewaltige Wassermassen fortwälzt, aber nach wenigen Tagen ist es wieder völlig wasserlos und trocken."

„Die grosse Syrische Wüste hat nicht einmal ein perennirendes Bächlein. Welch' einen Eindruck muss daher der Anblick des Euphrat und des Schatt el-Arab (der vereinigte Euphrat und Tigris) mit seiner Jahr aus Jahr ein majestätischen Wasserfläche auf die Bewohner jener Wüsten machen. Bei der muselmanischen Eroberung Aegyptens kam mit den Nomadenstämmen arabische Sprache und Vorstellungsweise dahin, und wie früher der Euphrat, so wurde jetzt der Nil zum Meere,

---

*) Wörtlich nach gütiger Mittheilung von Wetzstein.
**) Ibn Batutah, der grosse arabische Reisende, sagt zwar ausdrücklich: Kein anderer Fluss hat den Namen Bahr. Voyages d'Ibn Batoutah, Tome I, p. 77.

welcher sich dieses Namens um so würdiger zeigte, als er in
der Zeit der periodischen Ueberschwemmung, wo er das Delta
überfluthet, das Bild einer Meeresfläche gewährt. Um aber
dieses Meer von dem wirklichen zu unterscheiden, nannten sie
es kurzweg und durchaus bezeichnend „das süsse" und jenes
„das salzige."

Dieser Auseinandersetzung Wetzstein's kann ich noch
hinzufügen, dass für die Araber Africa's die Bedeutung des
Wortes „el bahr en-Nil" und „Süsswasser-Strom" jetzt ganz
identisch geworden sind. Kommen die Araber nach Central-
Africa, so ist das Erste, was sie beim Anblick eines grossen
Stromes ausrufen: el bahr en-Nil. Sie wollen damit keineswegs
sagen, dass der betreffende Strom der ägyptische Nil sei, sondern
einfach ausdrücken, er sei ein grosser Süsswasserstrom. Es hat
dies zu verschiedenen Irrungen Veranlassung gegeben, wie denn
die arabischen Kaufleute den Niger ebenfalls el bahr el-hîlu
oder auch bahr en-Nil nannten. Europäische Geographen fol-
gerten hieraus sodann, die arabischen Geographen und Kaufleute hielten diese beiden Ströme für einen und denselben.
Freilich wurden sie zum Theil dazu veranlasst und in ihrem
Glauben bestärkt durch Ibn Batutah, welcher bei seiner Reise
nach dem Sudan und dem Lande der Neger sagt:

„Dieser Fluss (der Nil) kommt von hier nach Cabarah,
dann nach Zaghah: diese beiden letzten Localitäten haben zwei
Sultane, welche dem Sultan von Melli untergeben sind. Seit
Langem haben die Bewohner von Zaghah den Islam angenommen,
sind sehr fromm und haben für die Wissenschaften viel Sinn.
Von Zaghah geht der Nil nach Timbuktu und nach Caoucaou,
Städte, von denen wir später reden werden; dann nach Mouli,
Ort, welcher zu Limiggoun gehört und den letzten District von
Melli bildet. Der Fluss fliesst von Mouli nach Youfi, einem
der wichtigsten Länder des Sudan und dessen Sultan einer der
mächtigsten Fürsten der Gegend ist. Kein weisser Mann darf
nach Youfi hinein, die Neger würden ihn eher tödten. Der Nil
dringt ins Land der Nubier, welche Christen sind, und kommt

dann nach Dongolah, ihrer Hauptstadt. Der Sultan dieser Stadt,
welcher Ibn Kenz eddîn heisst, bekehrte sich zur Zeit des
Königs Nâcir zum Mohammedanismus. Der Fluss geht dann
nach Djenadid (Nil-Katarakten) hinab, wo das Ende der Neger-
heimath ist und der District von Oçouân (Assuam oder Syene)
in Ober-Aegypten etc."

Es bleibt uns nun, ehe wir zur Beschreibung der verschiedenen Bihâr bilâ-mâ gehen, zu erforschen übrig, wer zuerst
von diesen Depressionen oder „Seen" ohne Wasser gesprochen
hat, denn so müssen wir von jetzt an Bihâr bilâ-mâ nennen.
Und festzuhalten ist, dass alle Bihâr-bilâ-mâ Depressionen sind
— ob echte *) oder unechte, das kann für uns vorläufig einerlei
sein — und in ihrer äusseren Erscheinung allerdings meistens
die grösste Aehnlichkeit mit leeren Seebecken zeigen.

Bei den alten Schriftstellern der Griechen und Römer
finden wir keine Stelle, welche sich auf ein leeres Seebecken
beziehen liesse, und gar wunderbar müsste es sein, wenn ein
Bihâr bilâ-mâ, wie es auf den Karten der letzten Jahrzehnte
verzeichnet ist, den Nachforschungen eines Herodot, Strabo u.
A. entgangen sein sollte: denn keineswegs lassen sich die Stellen
des Strabo, wo er nach Erathosthenes von Salz und Muscheln
auf dem Wege nach dem Ammonium redet, mit denjenigen
verschiedenen Bihâr bilâ-mâ zusammenbringen, welche uns hier
beschäftigen, sondern Strabo redet von der Oase des Ammon.
Vielleicht aber haben Strabo's „Trümmer gescheiterter Schiffe"
und die „zum Schauspiel der Kyrenaeer gesandten und auf
kleinen Säulen aufgerichteten Delphine" nicht wenig dazu beigetragen, dass die leicht erregbare Phantasie eines früheren
Reisenden glaubte, qu'on trouve dans la vallée du fleuve sans
eau des mâts et des debris de navires, wenn auch Andréossy

---

*) Unter echten Depressionen sind die zu verstehen, welche tiefer
gelegen sind als der Ocean, während unechte solche sind, welche nur Einsenkungen bilden bezüglich der sie umgebenden Erdformationen. Siuah
z. B. ist eine echte, Dachel eine unechte Depression; oder man könnte auch
sagen, Siuah ist eine absolute, Dachel eine relative Depression.

auf diese Aeusserung des Père Sicard gleich hinzufügt: nous
n'avons rien aperçu de tout cela; dann aber, entschuldigend,
dass P. Sicard eine derartige Beobachtung gemacht habe, welche
ihnen, Berthollet, Fourier, Redouté und Andréossy entgangen
sei, noch unmittelbar darauf hinzufügt: il est vrai que nous
n'avons vu qu'un endroit de la vallée.

Und wenn Herodot im 2. Buche §. 99 sagt: „Menes
der erste König von Aegypten, hat fürs erste, sagten die Priester,
auch Memphis ausgedämmt. Der Fluss sei nämlich ganz längs
des sandigen Gebirges gegen Libyen hingelaufen", so heisst das,
dass der Nil längs des westlichen Sandufers strömte; und wenn
er weiter fortfährt: „und nun habe Menes weiter hinten, 100
Stadien von Memphis, seinen mittäglichen Arm zugedämmt", so
erfahren wir daraus, dass der Nil das Nilthal auch zu der Zeit
schon in mehreren Armen durchströmte. So fliesst er heute
ja auch durch einen Hauptarm längs des Ostrandes des Thales
und durch den westlichen, Bahr-el-Jussuf. Herodot *) sagt
ferner, „nachdem dann der mittägige Arm zugedämmt und das
alte Flussbett ausgetrocknet, der Fluss aber in einem Rinngraben zwischen den Gebirgen durchgeleitet" etc. Diese Durch-
leitung kann sich natürlich nur auf diejenige beziehen, welche
zum Fayum führt, denn nördlich von Memphis ist kein Gebirge
mehr, und durch das von Bergen begrenzte Nilthal floss der
Nil ohnedies. Wir können, wie gesagt, in den eben citirten
Stellen keine Berechtigung finden, ein altes leeres Nilbett in
der Libyschen Wüste vermuthen zu wollen.

Auch ist im Herodot wohl die Stelle nicht misszuver-
stehen, wenn er B. II, §. 149, sagt: „Das Wasser in diesem
See (Möris-See) hat nicht dort seinen eigenen Ursprung; denn
hier ist das Land sehr wasserlos, sondern es ist aus dem Nil
durch einen Rinngraben hineingeleitet, und zwar läuft es sechs
Monate in den See hinein, sechs andere Monate in den Nil
heraus."

---

*) Deutsche Uebersetzung von Schöll und Köhler.

Herodot fährt allerdings §. 150 desselben Buches fort: „Noch sagten mir die Eingeborenen, dass dieser See sich in die Libysche Syrte ergiesse, indem er sich unter der Erde, längs des Gebirges, hinter Memphis, gegen Abend in das Binnenland hineinziehe" etc. Es deutet diese Stelle offenbar an, dass die damaligen Fayum-Bewohner Kenntniss von der Depression der Natron-Seen hatten, denn nur diese kann gemeint sein als Oertlichkeit, wohin sich unter der Erde das Wasser aus dem Möris-See ergösse. Dass ein Zusammenhang zwischen den Seen und Quellen der Libyschen Wüste und dem Nil besteht, wird allerdings kaum geleugnet werden können, da die Veränderungen der Wassermengen des Nils eine solche in den Quellen und Seen bedingen. Nur ist wohl zu beachten, dass die Breite der Landkarten nichts damit zu thun hat, dass z. B. eine Veränderung in der Menge des Wassers der Natron-Seen keineswegs herzurühren braucht von den Wasserverhältnissen, welche im Nil etwa unter dem 30° N. Br. statthaben, sondern vielleicht von einer ganz anderen Stelle aus bedingt ist. Und wenn die Menge des Wassers der Quellen von Dachel ein Steigen und Fallen zeigt, so braucht dieser Wechsel keineswegs bedingt zu sein von den Wasserverhältnissen des Nils hei Esneh etwa. Es ist ausserdem längst nachgewiesen, dass die Depression der Natron-Seen nichts mit einem Bahr bilâ-mâ zu thun hat.

Wenn wir somit nicht im Stande sind, bei den klassischen Geschichtsschreibern und Geographen des Alterthums eine Stelle nachzuweisen, welche auf ein Bahr bilâ-mâ Anwendung finden könnte, so ist eben so wenig von einem arabischen Geographen des Mittelalters auch nur der Ausdruck Bahr bilâ-mâ gebraucht. Dr. Wetzstein, welcher sich die Mühe nicht hat verdriessen lassen, alle arabischen Geographen darauf hin zu consultiren, giebt die bestimmteste Versicherung ab, dass bei Keinem ein Bahr bilâ-mâ genannt wird.

Es läge uns demnach ob, zu untersuchen, welcher von den neueren Reisenden und Geographen zuerst sich des Wortes Bahr bilâ-mâ bedient hat. Die älteste Erwähnung finden wir

in der von Paulus herausgegebenen Beschreibung der Reise von
Wansleb *), welcher 1663 eine Reise nach Aegypten unternahm.
Dort wird gesagt, dass zwischen Fium (Fayum) und Benesuei
„sie quer durch das Bett des Bahr bela-ma oder des Flusses
ohne Wasser mussten, was unglaubliche Mühe machte." Es
ist hier natürlich nur vom Bahr bilâ-mâ der Provinz Fayum
die Rede.

Fussend auf Pocock und Savary, kann aber als der
geistige Vater der grosse französische Geograph Jan Baptiste
Bourguignon d'Anville betrachtet werden. In seinem Handbuch
der alten Erdbeschreibung T. IV, p. 31 (Deutsche Uebersetzung
von Bruns), lesen wir: „Nach Pocock zieht sich von diesem
See (Möris-See) an noch jetzt eine Art von Thal fast bis ans
Mittelländische Meer, welches die Araber Bahr bela-ma, Thal
ohne Wasser, nennen. Vermuthlich war dies einer der alten
Ausflüsse des Nils. Um nicht zu viel Wasser durch denselben
zu verlieren, schnitt man ihn ab, und so entstand die für die
niedere Provinz Arsinoë nutzbare Wassersammlung, der See
Möris, den man nun bald zum Ablauf des überflüssigen Nilwassers
bei reichen Ueberschwemmungen, bald wenn diese karg waren,
zum Aufhalten desselben gebrauchen konnte."

Richard Pocock **), ein Engländer, der von 1737—1742
Aegypten bereiste und ein mehrbändiges Werk über den Orient
und einige andere Länder verfasste, sagt T. 1, p. 179, bei Beschreibung des Möris-Sees: „Je crois, qu'anciennement le Nil
avait une branche, de ce côté-là, laquelle allait se rendre à la
mer par la vallée appellée Beher Bellomah ou la mer ***) sans
eau, qui s'étend depuis l'extremité occidentale de ce lac jusqu'à
la mer etc." Pocock kannte also aus eigener Anschauung gar

---

*) Von Dapper, der die ausführlichste Beschreibung von Africa giebt,
wird ein Bahr bilâ-mâ nicht genannt. Dapper's Africa ist von 1671.
**) Es steht mir nur die aus dem Englischen nach der zweiten Auflage
gemachte französische Uebersetzung, welche bei Costard in Paris erschien
und 1772 herauskam, zu Gebote.
***) Hier ist das Wort wenigstens richtig übersetzt.

nicht die Bihâr bilâ-mâ und die Oertlichkeit bei den Natron-
Seen, es ist daher unvorsichtig, dass darauf hin ein so bedeutender und tonangebender Geograph nach einer blossen Meinung
des englischen Reisenden so bestimmt sich nicht nur über den
Verlauf des Bahr bilâ-mâ ausspricht, sondern auch die für die
geographische Welt massgebenden Karten entwerfen konnte.

Eben so viel wie Pocock's Vermuthung mochte auch
Savary's Reisebericht dazu beigetragen haben, die Geographen
in der Annahme eines „leeren Flussbettes" zu bestärken. Aber
auch dieser Forscher berichtete nicht über eigene Untersuchungen,
sondern nur nach Aussagen der Eingeborenen und den von
diesen ausgestreuten Hypothesen. In seinem ersten Briefe über
Aegypten *) p. 12 sagt der Verfasser, nachdem er von der von
Herodot erzählten Veränderung des Nil-Bettes bei Memphis ge-
redet: „Au moment, où j'écris, ce canal (das alte Wüsten-Nil-
bett) n'est point ignoré; on le suit à travers le désert; il passe
à l'occident des lacs de Natron. Des bois pétrifiés, des antennes,
débris des batiments, qui y naviguaient, en marquent encore la
trace. Les Arabes ont conservé à ce canal, presque comblé, le
nom de Bahr bela ma, mer **) sans eau." Und dann noch
deutlicher T. II, p. 16: „On suit encore actuellement la trace de
l'ancien lit, que les Arabes nomment Bahr bela ma, mer sans
eau. Il est parsemé dans toute sa longueur des débris des
bateaux qui y naviguaient et qui sont pétrifiés. J'en ai vu
rapporter au grand Caire de superbes morceaux."

Volney ***) aber, der von 1783 bis 1785 in Aegypten und
Syrien reiste, meint T. I: „Je suis donc porté à croire que le
cours barré par Menès était seulement une dérivation nuisible
à l'arrosement du Delta, et cette conjecture parait d'autant plus
probable, que, malgré le témoignage d'Hérodote, cette partie de
la vallée, vue des pyramides, n'offre aucun étranglement qui
fasse croire à un ancien obstacle. D'ailleurs il me semble que

---

*) Lettres sur l'Egypte, Paris 1785.
**) Auch richtig übersetzt.
***) Voyage en Syrie et en Egypte par Volney. 2. Vol. Paris, an VII.

Savary a trop pris sur lui de faire aboutir à la digue mentionnée
au dessus de Memphis le grand ravin, appelé bahr-bela-ma ou
fleuve sans eau, comme indiquant l'ancien lit du Nil. Tous les
voyageurs cités par D'Anville, le font aboutir au Faïoume, dont
il paraît une suite plus naturelle *). Pour établir ce fait nouveau,
il faudrait avoir vu les lieux; et je n'ai jamais ouï dire au Kaire,
que Savary se soit avancé plus au Sud que les pyramides de
Djizé." Er fügt sodann noch als Anmerkung hinzu: „en effet,
on serait plus porté, sur l'inspection de la çarte, à croire que
ce fut là jadis le cours du fleuve; quant aux pétrifications de
mâts et de vaisseaux entiers dont parle Sicard, elles auraient
bien besoin, pour être crues, d'être constatées par des voyageurs
plus éclairés que ce missionaire."

Obgleich Volney somit die Sache für sehr zweifelhaft hält,
erscheint die Existenz eines Bahr bilâ-mâ am Ende des vorigen
Jahrhunderts als so unanfechtbar, dass, als die französische
Expedition unter Napoleon nach Aegypten kam, die Gelehrten
derselben ein Bahr bilâ-mâ als ein altes „leeres Flussbett", als
eine vollkommen ausgemachte Sache betrachteten. Berechtigt
durch die Angaben jener Reisenden, gestützt auf die Lehre der
damaligen Geographen, konnte Andréossy in seinem „Mémoire
sur la Topographie de la vallée du fleuve sans eau" sagen:
„1) „Il paraît que le Nil, et plus vraisemblablement une partie
des eaux de ce fleuve coulait dans l'intérieur des déserts de la
Libye par les vallées de Natron et du fleuve sans eau; 2) que
les eaux furent rejetées dans la vallée actuelle on expliquera
peut être par là, pourquoi du temps d'Hérodôte, les eaux de
l'inondation s'élevaient à quinze coudées, tandisque du temps
de Moeris, elles ne s'élevaient qu'à huit et que de nos jours
elles ne vont qu'à dix-huit coudées; 3) que le Nil après cette
opération coula en entier le long des collines de la Libye et
forma le berceau, que l'on voit dans la basse Egypte et dans

---

*) Auf der Volney's Buche beigegebenen Karte ist vom Fayum bis
zum marcotischen See ein wunderhübsches Thal eingetragen.

une partie de l'Egypte moyenne; que de Nil fut rejeté sur la
rive droite et que cette époque précéda immédiatement la dis-
position régulière des sept branches du Nil et la formation des
Delta. Les temoignages géologiques, qui attestent les faits
précédents confirment en outre ce que nous avons dit dans le
même mémoire, que les eaux du Nil ont une tendance à se
porter vers l'ouest *), tendance indiquée en Egypte comme elle
l'est dans un autre pays pour tout autre point pour la topographie générale du terrain."

Wenn sich somit durch den Besuch des Natron-Thales
Seitens der französischen Expedition bei General Andréossy
ganz bestimmt die Ansicht befestigte von der Existenz eines
verlassenen Nilbettes in der Libyschen Wüste — obschon die
Expedition nie das Bahr bilâ-mâ der Länge nach abgegangen
und untersucht hatte —, so finden wir, dass Hornemann, welcher
um dieselbe Zeit Aegypten verliess, um seine Reise nach Central-
Africa anzutreten, und der doch ganz unter dem Einflusse der
französischen Auffassung die Topographie der Gegend betrachtet,
dennoch nicht ansteht zu sagen **): „Wenn es noch Spuren
von dem westlichen Arme des Nil gäbe, dessen die Schriftsteller
des Alterthums erwähnen, so müsste man sie, denke ich, in
irgend einem Theile dieser Wüste treffen. Ich entdeckte sie
nicht auf dem Wege, den unsere Karavane nahm". Dann
ferner: „Wenn man als ein vorzügliches Kennzeichen des Bahr-
bella-ma die Stücke von versteinerten Mastbäumen und von
anderem Schiffsbauholz angibt, die man darin finden soll, so

---

*) Die hier ausgesprochene Ansicht Andréossy's, die Gewässer des
Nils hätten eine Tendenz, sich nach Westen zu richten, also links zu drängen,
ist durch Nichts gerechtfertigt. Im Gegentheil! Ohne die Vertheidigung
des Baer'schen Stromgesetzes übernehmen zu wollen, belehrt mich ein Blick
auf die Karte, dass der Nil, sobald er bei Edfu ein breiteres Thal erreicht,
nach rechts drängt und das Ostufer bespült. Und so bleibt es überall, bis
er nördlich von Cairo aus der Gebirgsspalte heraustritt. Hinzufügen kann
man noch, dass die Bukolische, östliche Verästelung mehr Wasser dem
Mittelmeer zuführt, als die westliche Bolbinitische.
**) Fr. Hornemann's Tagebuch, herausgegeben von König, Weimar
1802, S. 12.

verdient die ganze Wüste diesen Namen. Man dürfte alsdann
Bahr-bella-ma nicht „Fluss ohne Wasser", sondern man müsste
es das „Meer ohne Wasser" übersetzen." Wir haben oben
schon hervorgehoben, dass Letzteres überhaupt die allein richtige
Uebersetzung ist. — Hornemann fährt dann fort: „Dieser Name
würde wirklich ganz passend für diese Wüste sein, denn der
Boden gleicht vollkommen einem niedrigen Gestade, über welches
die Fluthen während des Sturmes geströmt und Holz neben
anderen Sachen zurückgelassen haben. Spuren von verarbeitet
gewesenem Holze habe ich übrigens nirgends finden können.
Das was man für Mastbäume gehalten hat, sind Stämme, die
dreissig bis vierzig Fuss lang waren und in mehrere Stücke
zerbrochen sind, welche noch jetzt neben einander liegen."

Die vom Major Rennell über Hornemann *) angestellten
Betrachtungen, dass die Bahr bilâ-mâ und die Natron-Thäler
sich auf mehr als 40 (deutsche) geographische Meilen, nämlich
nördlich bis zum mareotischen und südlich bis zum Möris-See
erstreckten, haben gar keinen Werth, weil sie aus des Reisenden
Beobachtungen mit Sicherheit sich nicht folgern lassen; eben
so wenig ist die Behauptung Rennell's aus Hornemann's Berichten zu schliessen, „es sei ausgemacht, dass die Ausfahrt
oder die Oeffnung bei Sakkara noch jetzt oberhalb des Nils
sich befände."

Hornemann muss nach allen seinen Aufzeichnungen, welche
er uns hinterlassen hat, als einer der zuverlässigsten Beobachter
betrachtet werden; eben so unumwunden, wenn nicht noch
schlagender ist die Aussage Browne's, welcher etwas früher als
Andréossy, Berthollet und Fourier die Natron-Seen besuchte,
und später Einsicht nahm von dem von Andréossy verfassten
Mémoire. Er sagt **): „the shape of the valley (Natron-Thal)
differs materially from the idea which I had formed of it, and
which was by no means that of the bed of a river or current
of water". Bei eben dieser Gelegenheit tritt Browne auch gegen

---

*) Hornemann, herausgegeben von König, Weimar 1802, S. 164.
**) Browne, Travels. London 1806, p. 46.

die Behauptung Andréossy's auf, welcher die Seen im Natron-
Thal vom Nil aus ihr Wasser erhalten lässt. Browne sagt:
    „This contradicts the assertions both of the religious (in
dem Natron-Thal sind Klöster der Kopten), and the peasants
who procure the natron from the lakes, and who assured me,
that the water rose highest after the rains of winter and was
lowest after the heats of summer. They are certainly in part
supplied by springs but otherwise this account is sufficiently
conformable to my own observation."

    Browne führt sodann aus, dass falls Andréossy annähme,
die Natron-See'n würden vom Nil aus gespeist, durch unterirdische Abflüsse, man auch annehmen müsse, dass die Oasen
der Libyschen Wüste auf diese Weise ihr Wasser bekämen,
was ihm aber, da sie durch Räume von 30—40 Miles vom
Nil getrennt wären, nicht glaubwürdig erscheine. Indess ist
hier Browne offenbar im Unrecht, der geringe Regenfall in
Aegypten und in der Libyschen Wüste kann unmöglich die
Quellen in den Oasen und die Seen im Natron-Thal speisen,
und es ist auch ganz einerlei, ob die Fülle der Quellen vor,
mit oder nach dem Steigen des Nils eintritt, da die Durch-
sickerung oder die Wasserzufuhr nicht aus den Orten, die auf
der Landkarte sich etwa auf denselben Breitengraden des Nils
befinden, zu kommen braucht.

    Trotzdem Browne und Hornemann ein bahr bilâ-mâ nicht
finden konnten, siegte doch die Meinung d'Anville's immer
mehr. Auch Rennell sprach sich dafür aus, und Andréossy
erhob die Vermuthung eines ehemals vollen, jetzt leeren Flussbettes zu einer unumstösslichen Gewissheit. Ritter *) selbst
führt nicht nur Andréossy, Berthollet Fourier und Redouté an,
um die Existenz eines Bahr bilâ-mâ nachzuweisen, sondern sagt
auch: „die arabischen Geographen **) nennen dort hinwärts ein
trocknes Thal Libyens den Bahr belâ mâ, d. h. Fluss ohne

---

    *) Die Erdkunde im Verhältniss zur Natur etc., 1. Bd. Africa, von
Carl Ritter. Berlin 1822, S. 860 u. f.
    **) Diess ist, wie wir oben S. 136 ausgeführt haben, gar nicht der Fall.

Wasser, die einheimischen Araber aber den Bahr el farigh, d. h.
den leeren Fluss". So bekam die Existenz des bahr bilâ-mâ
durch Ritter eine neue noch höhere Weihe.

Sehen wir uns nun aber um, wie sich die neueren Wüsteŋ-
reisenden über diesen Gegenstand aussprechen, so finden wir,
dass Cailliaud bei seiner Reise vom Fayum nach Siuah und
von hier nach Uah-el-Beharieh etc. eines bahr bilâ-mâ nicht
erwähnt; auch nicht bei der Oertlichkeit Qarah el amrah, wo
er verweilte und die Karten doch ein bahr bilâ-mâ verzeichnen.
Cailliaud spricht sich an keiner einzigen Stelle, weder für noch
gegen die Existenz eines bahr bilâ-mâ aus. Nur ganz en
passant erwähnt er beim Verlassen des Fayum, dass die von
Hornemann erwähnte Wüste mit dem versteinerten Holze sich
weiter nördlich befände.

Nicht so Belzoni. Dieser Reisende, welcher von 1815 bis
1819 in Africa war und vom Fayum aus bis Rejen el Cassar
dieselbe Route verfolgte, welche kurz vor ihm Cailliaud genommen
hatte, dann aber abbog und statt nach Siuah nach Uah el
Beharieh ging, und zwei Tagemärsche später eine Oertlichkeit
Behar-bela-ma genannt, erreichte, welche nach ihm „all the
appearance of water having been in it" hatte. Belzoni will
sogar Wasserzeichen an den Ufern und Inseln (Zungen) bemerkt
haben, welche Wassermarken selbstverständlich wohl nichts
anderes gewesen sind, als verschieden gefärbte Schichten im
Kalkfelsen.

Der französische General-Konsul Drovetti, welcher 1820
durch die Wüste Libyens reiste, auch Dachel besuchte und
durch die dort bahr bilâ-mâ genannte Oertlichkeit kam, trug
auch dazu bei, den Glauben an das Bett eines ehemaligen
westlich geflossenen Nil zu bekräftigen, obschon weder Cailliaud
noch auch Edmonstone *) es der Mühe werth erachtet hatten,
dies bahr bilâ-mâ in Dachel zu erwähnen. Als immerhin
bemerkenswerth glauben wir aber hervorheben zu müssen, dass

---

*) Siehe Edmonstone, a journey etc. London 1822, p. 40 etc.

auf der von Somard 1822 publicirten Karte zu Drovetti's Reisen ein bahr bilâ-mâ nicht eingetragen worden ist.

Eine bedeutende Stütze finden die Verfechter der Theorie eines bahr bilâ-mâ in General-Konsul Minutoli, welcher auf seiner Rückreise von Siuah in das von Andṛéossy beschriebene bahr bilâ-mâ kam, dessen Bett er mit seiner Expedition in schräger Richtung von Südwest nach Nordost durchschritt. Aber der Länge nach hat also auch Minutoli das bahr bilâ-mâ nicht durchzogen und erforscht. Er sagt darüber*): „Ausser beträchtlichen Lagern des schon erwähnten versteinerten Holzes findet man auf dem Abhange des Thales gerollten Quarz, Silax, Jaspis, Gyps und andere unverkennbare Spuren, die auf eine frühere Wasserströmung deuten." Minutoli meint dann fernerhin, dass bei ungewöhnlich hohem Wasserstand des Nils das Wasser des Möris-Sees sich durch das bahr bilâ-mâ entladen habe, und stützt sich dabei auf Herodot II. 150: „noch sagten mir die Eingeborenen, dass dieser See sich in die Libysche Wüste ergiesse, indem er sich unter der Erde längs dem Gebirge etc." Man kann nicht leugnen, dass dieser Ausspruch des Herodot sehr verführerisch klingt, zumal angesichts der südlich vom Libyschen Küsten-Plateau sich entlang ziehenden Depression; aber da wir vor der Thatsache stehen, dass östlich von Siuah die Depression nicht mehr existirt, dass dort alle Formationen von fluvialer Bildung fehlen, so können wir auch hierin keine Bestätigung der Existenz eines alten Flussbettes erblicken.

Und wenn gleich darauf Minutoli hinzufügt: „hat aber wirklich ein Arm des Nils sich hier ergossen, so muss dieser durch das bahr bilâ-mâ beim Vorgebirge Lubba vorbei sich in den mareotischen See oder in die Schlucht bei dem Brunnen el Hammam in's Mittelländische Meer entladen haben, während eine Verzweigung desselben Armes in das Thal von Mogara einen Abfluss fand und nach el Gara hin sich verlor", so muss

---

*) Minutoli, herausgegeben von Tölken, Berlin 1824, S. 190.

man dagegen die Thatsache im Auge behalten, dass im bahr bilâ-mâ noch Niemand Nil-Schlamm oder fluviale Bildung gefunden hat. Man muss festhalten, dass eine von Bir Hammam ausgehende und nach dem Mittelmeer sich erstreckende Schlucht nicht existirt, sondern von Alexandria an bis zur Cyrenaïka das ganze Ufer ein einziges und zusammenhängendes Kalkgerüst ist, und dass auch westlich von Mogara nach el Gara zu hoher und massiver Felsboden sich befindet.

Als kurze Zeit nach Minutoli Ehrenberg von Norden her nach der Oase des Jupiter Ammon kam und von dieser sodann direct nach dem Nil-Thal zurückkehrte, spricht er zwar von einem bahr bilâ-mâ nirgends, aber auf der seiner Reisebeschreibung beigegebenen Karte verläuft ein solches und mündet in's Mittelmeer. Auf der Karte steht: „die Thäler (d. h. Bahr bilâ-mâ) münden nicht in's Meer, sondern sind durch Dünen-Hügel ganz verschlossen". Hieraus erhellt ganz klar, dass Ehrenberg der Ansicht war, das leere Flussbett habe einst sich in's Meer ergossen. Es ist das aber wie gesagt unmöglich, da der Abschluss am Mittelmeer nicht aus Sand oder Dünenhügeln besteht, sondern die Wüste von demselben durch eine compacte Kalkmasse, das sog. Libysche Küsten-Plateau, abgetrennt ist.

Spätere Reisende, wie Hoskins *), Edmonstone, Hamilton, St. John und Brugsch, nehmen keine Notiz vom bahr bilâ-mâ; aber das „leere Flussbett" im Westen der Libyschen Wüste, ja, die Annahme, dass ehemals im Westen der Nil geflossen, war auch längst unumstössliche Thatsache geworden. Die besseren und besten Geographen, Ritter voran, brechen nach dem Vorbilde d'Anville's eine Lanze für die Existenz eines „leeren Flussbettes". So sehen wir auch ein solches auf der Karte von Lange zu Barth's Wanderungen durch die Küstenländer des Mittelmeeres verzeichnet. Heinrich Barth aber, der

---

*) Hoskins in seinen Travels in Ethiopia, London 1835, erwähnt bei Durchkreuzung der Wüste eines Bahr bela ma und richtig übersetzend sagt er p. 20: „and encamped behind a small hill at the commencement of a large plain called Atmoor bahr belâ ma; that is, the sea without water."

von Cyrenaïka an bis Alexandria längs des Meeres reiste,
berichtet nirgends von einer Mündung oder einem ehemaligen
Ausfluss; auch ist auf der Karte die Begrenzung des Meeres
nur durch Gebirgsformation angegeben.

Sehen wir jetzt aber, in wie fern die bihâr bilâ-mâ als
leere Meeres- oder Seebecken, um nicht den Ausdruck „leere
Flussbetten" zu gebrauchen, in der Libyschen Wüste noch
existenzberechtigt sind, und ob es nicht am besten ist, uns
darauf zu beschränken, den arabischen Namen als unpassend,
aber eingebürgert für die Oertlichkeit festzuhalten. Hierbei
können wir die 1862 erschienene zehnblätterige Karte *), Blatt II,
von Petermann und Hassenstein zu Grunde legen, weil auf
dieser Karte von allen über die Libysche Wüste herausgegebenen
Aufzeichnungen, welche von unserer Expedition vorgenommen
sind, die verschiedenen bihâr bilâ-mâ am detaillirtesten verzeichnet stehen. Und wenn wir nun ein bahr bilâ-mâ nach
dem anderen vornehmen, so ergibt sich:

1. Das bahr bilâ-mâ in Dachel selbst ist als „leeres Flussbett" nicht mehr zu betrachten. Dies als „leeres Flussbett"
durch Drovetti zuerst eingeführte bahr bilâ-mâ verlangt Berechtigung der Existenz nur noch als ein eingebürgerter Name,
und auch nur noch in so fern, als dieser der Beschaffenheit
der Lokalität nach ganz unzukömmliche Name bahr bilâ-mâ
einmal von der dortigen Bewohnerschaft adoptirt ist. Das
haben wir aus eigener Anschauung und Untersuchung während
unserer Expedition constatiren können. Es ist dort nichts zu
finden, als eine muldenförmige Einsenkung, in welcher vielleicht
eine Wasseransammlung hätte sein können. Zittel in seinen
„Libysche Briefe", p. 85, sagt ausdrücklich: „das vielgenannte
bahr bilâ-mâ (in Dachel) schrumpft auf ein Thälchen am Nord-
westrande von Dachel zusammen." Jeder Gedanke an ein
„leeres Flussbett" muss von nun an immer ausgeschlossen

---

*) Ergänzungsband Nr. II. der Petermann'schen Mittheilungen.

bleiben. Wir haben hier einen „Namen", schlecht gewählt allerdings, welcher aber einmal eingebürgert ist.

2. Das bahr bilâ-mâ, welches, als vermuthlicher Lauf des bahr bilâ-mâ nordwärts von Dachel ausgehend, sich in Nordrichtung bis nach dem Belzoni-Pacho'schen bahr bilâ-mâ hinzieht, ist absolut nicht vorhanden. Es existirt in der Einbildungskraft der Kartographen; man hat damit die weissen Flecke der sonst so leeren Karte der Lybischen Wüste schmücken wollen. Das ganze Plateau zwischen dem Nilthal einerseits und den Uah-Oasen andererseits besteht aus einer zusammenhängenden Kalksteinmasse. Nirgends stiessen wir, weder zwischen Siut und Farafrah, noch zwischen Chargeh-Esneh auf ein grösseres Thal, aus welchem man die Berechtigung hätte· herleiten können, auf ein ehemaliges Flussbett zu schliessen. Zittel, gewiss competent in Beurtheilung dieser Frage, sagt in seinen eben angeführten „Libyschen Briefen" p. 84, über ein ehemaliges westliches Nil-Bett: „Man hat bisher angenommen, dass der Nil in vorhistorischer Zeit einen westlichen Arm durch die Wüste, oder doch durch die jetzigen Oasen entsendet habe, und auf allen geographischen Karten findet sich dieses ehemalige Flussbett mit grösserer oder geringerer Bestimmtheit eingetragen. Der Nachweis von der Nichtexistenz dieses problematischen Nils gehört sicherlich zu den wichtigsten Resultaten unserer Expedition."

3. Das bahr bilâ-mâ, welches auf der Zehnblatt-Karte zwischen der Oase Siuah und Uah el Baharieh verzeichnet ist als „leeres Flussbett", muss ebenfalls von den Karten als solches verschwinden. Professor Jordan, welcher diesen Theil der Wüste eigens zu diesem Zweck bereist hat und eingehend untersuchte, sagt darüber *): „Zwei Tagereisen westlich von Baharieh, auf der Strasse von Siuah, stösst man auf eine 3¹/₂ Stunden lange und etwa eine Stunde breite Einsenkung von 20—30 Meter Tiefe, ganz von derselben Art, wie solche mehrfach zwischen

---

*) Petermann's Mittheilungen 1875, S. 212.

Siuah und Ssittrah vorkommen. Der Boden ist mit Nummulithen bedeckt. Diese Einsenkung führt den Namen bahr bilâ-mâ
kebir (grosser See ohne Wasser), und östlich davon ist eine
zweite Einsenkupg von sehr geringer Tiefe, deren Name bahr
bilâ-mâ serir (kleiner See ohne Wasser) ist. Dass diese zwei
Einsenkungen nicht Theile eines verlassenen Flussbettes sind,
zeigt ihr Anblick zur Genüge." Also auch dies bahr bilâ-mâ
darf höchstens als ein allerdings unpassender Name auf den
Karten beibehalten werden.

4. Haben wir sodann das wichtigste bahr bilâ-mâ in den
Kreis dieser Betrachtung zu ziehen, mit dessen Existenz sämmtliche Geographen den Begriff eines vorgeschichtlichen westlichen
Nil-Arms mit verknüpft haben. Dies bahr bilâ-mâ ist durch
einen Sandrücken von den Natron-Seen geschieden. Von der
französischen Expedition besucht, aber nicht erforscht, wurde
dies bahr bilâ-mâ auch von Hornemann durchschnitten und
nach ihm von vielen anderen Reisenden. Das Ziel von Reisenden
ist es nie gewesen, obschon es so zu sagen vor den Thoren
von Cairo liegt. Und doch wurde speciell mit diesem bahr
bilâ-mâ, welches man von Fayum nach dem Mittelmeer auf
den Karten verlaufen liess, die Vorstellung eines ehemaligen
Nil-Laufs verknüpft, als ob sich das ganz von selbst verstände.

Es soll hier aber nicht unerwähnt bleiben, dass trotz
d'Anville, Ritter u. a. auch schon in älterer Zeit Gegner sich
erhoben. Der ausgezeichnete Reisende Oliver z. B., der zweifelsohne mit den Mitgliedern der grossen französischen Expedition
persönlichen Verkehr und Gedankenaustausch über diesen Gegenstand gehabt hatte, sagt p. 263 der deutschen von Ehrmann
und Sprengel herausgegebenen Uebersetzung *): „Jetzt ist uns
nur noch die Untersuchung übrig, ob der Nil in der Arabischen
(d. h. Libyschen) Wüste durch den bahar bela mé oder den

---

*) Guillaume Antoine Olivier, französischer Entomolog, geb. am
19. Januar 1756 zu Les arcs bei Frejus, bereiste während der Schreckens-
zeit den Orient und Aegypten; sein Voyage dans l'empire ottoman, Egypte
et la Perse erschien in Paris 1798.

Fluss ohne Wasser fliessen konnte, wie dieses einige neuere
Reisende geglaubt zu haben scheinen. Savary, welcher den
Sinn Herodot's umändert, glaubt, dass der Nil längs durch die
Libysche Bergkette südlich von Memphis hinflösse, sich in
Libyen verbreite und in den Arabischen Meerbusen (?) ergösse. Aber Herodot sagt ja ganz bestimmt, dass der Nil längs
der Libyschen Bergkette hingeflossen sei, ehe Menes seinen
Lauf geändert und in einer gleich grossen Entfernung zwischen
dem africanischen und arabischen Ufer hingeleitet hätte. Und
in der That, wenn man nur die Libysche Bergkette gesehen
hat, so wird man überzeugt sein, dass nie ein Fluss hindurch-
fliessen konnte. Denn in einer sehr frühen Epoche, und zu
einer Zeit, wo das Delta noch nicht vorhanden war, musste
auch das Bett viel tiefer sein, als es jetzt ist. Wenn er nun
übrigens quer durch die Libysche Bergkette geflossen wäre, so
müsste man doch an irgend einer Stelle eine Zerreissung oder
eine Spalte bemerken, durch welche das Wasser gehen konnte.
Wenn der Nil durch den bahar bela mé gegangen wäre, so
hätte diess nirgends anders Statt finden können, als durch
Fayum, wie der Bürger Andréossy muthmasset. Die Franzosen,
welche diese Gegend untersuchten, würden vielleicht bemerkt
haben, ob der Boden in dieser Provinz einige Anzeichen von
irgend einem Laufe des Wassers wahrnehmen liesse."

Nachdem Olivier sich sodann des Weiteren über den
Schlamm und Absatz ausgesprochen, welchen der Nil im bahr
bilâ-mâ oder auch im Thale der Natron-Seen zurückgelassen
haben müsste, sagt er: „Wenn aber nun der bahar bela mé
heutzutage keine aus einem Bodensatz erzeugte Erde, welche
der in Aegypten entspricht, zeigt und wenn man auf dem Grund
des Arabischen (?) Meerbusens nur Fels und Sand antrifft, so
können wir kühn behaupten, dass der Nil, ungeachtet der Benennung des Flusses ohne Wasser nie durch diese Gegenden
geflossen ist."

Es ist auffallend genug, dass Oliver's Stimme damals
vollkommen unbeachtet blieb.

Wir haben aber mittlerweile über dies letzte bahr bilâ-mâ, welches wir unter Nr. 4 erwähnten, sicheren Aufschluss durch Herrn Prof. Dr. Ascherson erhalten. Ueber seine nach der kleinen Oase unternommene Expedition sagt derselbe S. 63 der „Mittheilungen der geographischen Gesellschaft in Hamburg" (1876—77): „Am 30. März Nachmittags 3 Uhr erreichten wir die Hattîet-el-talhah, nach einem stundenweit sichtbaren, wohl 10 Meter hohen Baum der Talch-Akazie so benannt, der in dieser bis dahin völlig vegetationslosen Einöde um so mehr überrascht. Eine Stunde später standen wir unvorbereitet am Rande des viel besprochenen Bachr-belâ-mâ (nach der Aussprache meines Führers Behar belâme). Selbstverständlich erwartete ich nicht ein wirkliches Flussbett zu finden, war aber doch überrascht, dass der wirkliche Befund Belzoni's Schilderung auch nicht im Entferntesten entsprach. Statt in ein lang gedehntes Uadi, stieg ich mit geringem Niveauunterschied (etwa 20 m) in ein neues Charaschaf hinab, gleichsam in ein mit zahllosen Felseninseln besäetes Seebecken, dessen Grenzen, da nirgends eine freie Uebersicht möglich war, mir unklar blieben, das sich aber jedenfalls an beiden Seiten des Weges weithin erstreckt. Die von Belzoni entdeckten „Wasserstandspuren" erwiesen sich als eine bis in gleichförmiger Höhe verbreitete Decke von dunklem Kiese. Ich muss bemerken, dass wegkundige Bewohner der Oase mit aller Bestimmtheit versicherten, dass die Behar belâ-mâ, welche mehrfach an den nach Osten, Norden und Nordwesten von der Oase ausgehenden Strassen erwähnt werden, unter einander und mit der Einsenkung der Oase keineswegs in Verbindung stehen." Herr Professor Dr. Ascherson brauchte vier Stunden, um das bahr bilâ-mâ zu durchziehen.

Aus der ganzen vorstehenden Auseinandersetzung ergiebt sich aber deutlich, dass die „leeren Flussbetten" als solche von den Karten verschwinden müssten; es giebt in diesem Theile der Libyschen Wüste keine wirklichen bihâr bilâ-mâ. Auch das bahr bilâ-mâ von Hoskins ist kein „leeres Flussbett,"

Die unter 1. 2. 3. und 4. namhaft gemachten bihâr bilâ-mâ haben aber in so fern ein Anrecht, auf den Karten fortgeführt zu werden, als auf dem ohnedies so leeren Raum der Topographie der Libyschen Wüste eine Oertlichkeit damit bezeichnet wird. Aber auch nur desshalb, nicht etwa als ob man mit dem Namen die Vorstellung eines ehemaligen Seebeckens oder gar eines „leeren Flussbettes" zu verbinden hätte.